荀子

卷叁（共叁卷）

【原文】

天論篇第十七

天行有常，不爲堯存，不爲桀亡。應之以治則吉，應之以亂則凶。彊本而節用，則天不能貧；養備而動時，則天不能病；修道而不貳，則天不能禍。故水旱不能使之飢渴，寒暑不能使之疾，祆怪不能使之凶。本荒而用侈，則天不能使之富；養略而動罕，則天不能使之全；倍道而妄行，則天不能使之吉。故水旱未至而飢，寒暑未薄而疾，祆怪未至而凶。受時與治世同，而殃禍與治世異，不可以怨天，其道然也。故明於天人之分，則可謂至人矣。

【译文】

天道的运行永恒不变，它不为尧而存在，也不为桀而灭亡。顺应天道来治理社会就会吉利，不顺应天道而乱治理就会导致混乱和凶险。重视农业而节制消费，上天不会让人们贫穷；衣食齐备而按季节兴工，上天也不能使社会出弊病；遵循天道而不三心二意，上天也不会兴起祸端。所以，水涝旱灾不能让人忍饥挨饿，严寒酷暑也不能使人产生疾病，妖魔鬼怪也不会给社会带来凶险。荒废了农业而用度奢侈，上天不能使人富；衣食不足而工程少，上天也不能让社会保全；违背天道而恣意妄为，上天也不可能给人吉祥。所以，水涝旱灾没到人们就可能挨饿，严寒酷暑没来人们就可能生病，自然界的反常变异不出现社会也可能充满凶险。天气有利于农业就可能给社会带来安定，而灾难却永远和安定的社会没关系，不要埋怨老天爷，天道就是这样运行的。所以，明白了大自然与人类社会的关系，就可以称他是思想境界最高的人了。

【原文】

不爲而成，不求而得，夫是之謂天職。如是者，雖深，其人不加慮焉；雖大，不加能焉；雖精，不加察焉；夫是之謂不與天爭職。天有其時，地有其財，人有其治，夫是之謂能參。舍其所以參而願其所參，則惑矣。

【译文】

不作为就能成功，不请求就能得到，这叫上天的职能。大自然如此这般地存在着，即使它意义深远，那思想境界最高的人也不会对它多加思虑；即使无限广大，那思想境界最高的人也无法对它多加干预；即使它道理精妙，那思想境界最高的人也无须对它多加考察，人们把这叫做不和上天争职权。上天有自己的时令季节，大地有自己的生养资源，人类有自己的治理方法，人们把这叫做相互并列。人如果不做好自己的事情而只想了解天、地的奥秘，那就会给自己带来无限的迷惘。

【原文】

列星隨旋，日月遞炤，四時代御，陰陽大化。風雨博施，萬物各得其和以生，各得其養以成。不見其事而見其功，夫是之謂神。皆知其所以成，莫知其無形，夫是之謂天。唯聖人爲不求知天。

【译文】

恒星相伴而旋转，日月交替而照耀，四时更替控节气，阴阳生化在流行。风雨普遍地恩泽于万物，万物各得和气而生养，各得滋养而长成。我们看不见天道的运作而只能看到它的成果，我们就把它称之谓神。人们都知道天道之所以生成了万物，却看不到它是怎样生成了万物，我们就把它称为天。只有圣人才不会致力于了解天。

【原文】

天職既立，天功既成，形具而神生，好惡、喜怒、哀樂臧焉，夫是之謂天情。耳、目、鼻、口、形能各有接而不相能也，夫是之謂天官。心居中虛，以治五官，夫是之謂天君。

財非其類，以養其類，夫是之謂天養。順其類者謂之福，逆其類者謂之禍，夫是之謂天政。闇其天君，亂其天官，棄其天養，逆其天政，背其天情，以喪天功，夫是之謂大凶。聖人清其天君，正其天官，備其天養，順其天政，養其天情，以全其天功。如是，則知其所爲，知其所不爲矣。則天地官而萬物役矣；其行曲治，其養曲適，其生不傷，夫是之謂知天。

【译文】

上天的职责已然确立，天地的功德已经成就，人的形体具备也就有了精神，爱好与厌恶、喜欢与愤怒、悲哀与欢乐，都蕴涵在人的精神里，我们称之谓天生的情感。耳朵、眼睛、鼻子、嘴巴、身体，它们各有自己的功能，各有自己的感受对象，但它们却不能相互代替，我们把它称之谓天生的感官。心在身体中部的胸腔用来管理这五种感官，我们称之谓天生的君主。

人类所需要的财富并不是一个类别，人们可以用不同的类别来满足自己不同的需要，我们把这称之谓天养。外物的种类顺应了人类的各种需要时，我们称之谓福；外物的种类不顺应人类需要时，我们称之谓祸，我们把这称之谓天政。心灵糊涂，感觉迟钝，放弃上天的恩养，不顺应天然的选择，当喜不喜，当怒不怒，这就会辜负了上天的恩泽，我们把它称之谓大凶。圣人用清醒的心灵，良好的感觉，享其天养，顺应祸福，当喜则喜，当怒则怒，完全不辜负上天的恩泽。这样，就懂得自己能做点什么，不能做的是什么了。于是顺应天地，利用万物；他的行动处处有条理，他的消费处处适当，他的生命不受损伤，这就可以称之谓知天了。

【原文】

故大巧在所不爲，大智在所不慮。所志於天者，已其見象之可以期者

矣。所志於地者，已其見宜之可以息者矣。所志於四時者，已其見數之可以事者矣。所志於陰陽者，已其見知之可以治者矣。官人守天而自爲守道也。

【译文】

所以，最大的技巧在于有所不为，最大的智慧在于有所不虑。对于期望于天的，不过是在它所呈现的现象中显示出来的所可能期望的罢了。期望于地的，也不过是在它所呈现的合宜中显示出来的所可能栖止的罢了。期望于四季的，亦不过是在它所呈现的数量中显示出来的所可能做到的罢了。期望于日月的，只不过是在它们所显现的已知现象中显示出来的所可以利用的罢了。任用贤人，顺应天道，而自己所做的只是恪守人道而已。

【原文】

治亂，天邪？曰：日月星辰瑞曆，是禹、桀之所同也。禹以治，桀以亂；治亂非天也。時邪？曰：繁啓蕃長於春夏，畜積收臧於秋冬，是又禹、桀之所同也；禹以治，桀以亂；治亂非時也。地邪？曰：得地則生，失地則死，是又禹、桀之所同也；禹以治，桀以亂；治亂非地也。《詩》曰：「天作高山，大王荒之；彼作矣，文王康之。」此之謂也。

【译文】

社会安定、混乱，难道是由上天决定的吗？可以说：太阳月亮、行星恒星、祥瑞的历书，这在禹的时代和桀的时代都是相同的。禹使天下得到治理，桀让天下对他反叛；可见社会的安定或混乱并不是由上天决定的。那么，难道是季节造成的吗？可以说：庄稼在春、夏两季纷繁地发芽，茂盛地生长；在秋、冬两季收获、储藏，这在禹的时代和桀的时代又是相同的；禹使天下治理，桀使天下反叛；可见社会的安定或混乱并不是季节造成的。那么，难道是大地造成的吗？可以说：庄稼得到了土地就生长，失去了土地就死亡，这在禹的时代和桀的时代也是相同的；禹使天下治理，桀使天下反叛；可见社会的治理或反叛并不是大地造成的。《诗经》上说：「上天创造出高大的岐山，太王使它大发展；太王建造了大都城呀，文王使它长平安。」说的正是这个道理。

【原文】

天不爲人之惡寒也輟冬，地不爲人之惡遼遠也輟廣，君子不爲小人匈匈也輟行。天有常道矣，地有常數矣，君子有常體矣。君子道其常，而小人計其功。《詩》曰：「何卹人之言兮？」此之謂也。

【译文】

上天并不因为人们厌恶寒冷就取消冬季，大地并不因为人们厌恶辽远就废除宽广，君子并

不因为小人的叽里哇啦就中止行动。上天有经久不变的规律，大地有经久不变的法则，君子有经久不变的行为。君子的行为有恒常的规则，而小人只计较功利。《诗经》上说：「何必怕人说长道短？」说的就是这个道理。

【原文】

楚王後車千乘，非知也；君子啜菽飲水，非愚也；是節然也。若夫心意修，德行厚，知慮明，生於今而志乎古，則是其在我者也。故君子敬其在己者，而不慕其在天者；小人錯其在己者，而慕其在天者。君子敬其在己者而不慕其在天者，是以日進也；小人錯其在己者而慕其在天者，是以日退也。故君子之所以日進與小人之所以日退，一也。君子小人之所以相縣者，在此耳。

【译文】

楚王外出，随从的车子上千辆，并不是因为他聪明；君子粗茶淡饭，并不是因为他愚蠢；这只不过是人生的境遇、命运所造成的罢了。至于那些心地善良、德行敦厚、思虑明达，生活在现实中却能仰慕古道的人，这都是可以取决于我们自己的事情。所以，君子恭敬地对待那些取决于自己的事情，而不去羡慕那些取决于上天的东西；小人丢下那些取决于自己的事情，而指望那些取决于上天的东西。君子恭敬对待那些取决于自己的事情，而不去羡慕那些取决于上天

的东西，因此天天进步；小人丢下那些取决于自己的事情，而指望那些取决于上天的东西，因此天天退步。所以君子天天进步的原因与小人天天退步的原因，道理是一样的。君子、小人悬殊的道理，就在这里了！

【原文】

星隊、木鳴，國人皆恐。曰：是何也？曰：無何也。是天地之變，陰陽之化，物之罕至者也，怪之可也，而畏之非也。夫日月之有蝕，風雨之不時，怪星之黨見，是無世而不常有之。上明而政平，則是雖竝世起，無傷也；上闇而政險，則是雖無一至者，無益也。夫星之隊，木之鳴，是天地之變，陰陽之化，物之罕至者也。怪之可也，而畏之非也。

【译文】

流星坠落、树木鸣叫，国人都害怕，说：这是为什么呢？我们说：这没有什么。这种现象是自然界的变异、阴阳二气的变化，只不过是世界上很少出现的现象罢了。觉得它奇怪，是可以的；但害怕它，就错了。太阳有日食，月亮有月食，狂风暴雨不合时节地突然袭击，奇怪的星相偶然出现，这是无论哪个时代都不常有的。君主英明而政治安定，那么，即使这些现象同时出现，也没有什么妨害；君主愚昧而政治腐败，那么这种现象即使一样都没出现，

也不会获得什么好处。那流星的坠落、树木的鸣叫，是自然界的变异、阴阳二气的变化，只不过世界上很少出现罢了。觉得它奇怪可以，如果害怕它，那就错了。

【原文】

物之已至者，人祅則可畏也。楛耕傷稼，耘耨失薉，政險失民，田薉稼惡，糴貴民飢，道路有死人，夫是之謂人祅。政令不明，舉錯不時，本事不理，夫是之謂人祅。禮義不修，内外無别，男女淫亂，則父子相疑，上下乖離，寇難並至，夫是之謂人祅。祅是生於亂，三者錯，無安國。其説甚邇，其菑甚慘。勉力不時，則牛馬相生，六畜作祅，可怪也，而不可畏也。傳曰：「萬物之怪，書不説。無用之辯，不急之察，棄而不治。」若夫君臣之義，父子之親，夫婦之别，則日切瑳而不舍也。

【译文】

在已经到来的事情中，人为的反常现象是可怕的。粗放耕种而伤害庄稼，胡乱锄草而田地荒芜，政治险恶而失去民心，田地荒芜而庄稼不长，米价昂贵而百姓挨饿，道路上有饿死的人，这叫做人为的反常现象。政策法令稀里糊涂，治理措施不合时宜，农业生产不加管理，这也叫做人为的反常现象。礼义不整顿，内外没分别，男女之间胡乱来，这时就会父子之间相互猜疑，君臣之间离心离德，外寇内乱一起闹事，这也叫做人为的反常现象。人为的反常现象产生于君主的昏乱。三类人为的反常现象频频发生，就不会有安宁的国家了。这种人为的反常现象，说起来道理非常浅近，但它造成的灾难却是十分惨重的。动员劳役不顾农时，那么牛马就会生出怪胎，六畜就会闹出怪异，这才是奇怪的，但不值得可怕。古书上说：「各种各样的怪现象，经书之上不解释。没用处的辩论，不急需的考察，应该弃之不理，不予研究。」至于君臣之间的道义，父子之间的亲情，夫妻之间的区别，则应该每日每时切磋琢磨，不停地研究。

【原文】

雩而雨，何也？曰：無何也，猶不雩而雨也。日月食而救之，天旱而雩，卜筮然後決大事。非以爲得求也，以文之也。故君子以爲文，而百姓以爲神。以爲文則吉，以爲神則凶也。

【译文】

祭神求雨，雨就下来了，这是为什么呢？回答说：不为什么，就像不祭神照样会下雨一样。发生了日食、月食，人们就敲锣打鼓地营救它们，天气干旱了就祭神求雨，先通过占卜算卦，然后才能决定大事。其实，并不是因为这样做能得到什么，所以才去那样祈求，而只是一种人类特有的文化现象罢了。所以，君子把这些活动看成是一种文化现象，但老百姓却把它们看得神乎其神。把它们看成一种文化现象，就会带来吉祥；把它们看得神乎其神，就可能弄出什么凶险的事情。

【原文】

在天者莫明於日月，在地者莫明於水火，在物者莫明於珠玉，在人者莫明於禮義。故日月不高，則光暉不赫；水火不積，則暉潤不博；珠玉不睹乎外，則王公不以爲寶；禮義不加於國家，則功名不白。故人之命在天，國之命在禮。君人者隆禮尊賢而王，重法愛民而霸，好利多詐而危，權謀、傾覆、幽險而盡亡矣。

【译文】

天上没有什么东西比太阳月亮更明亮，地上没有什么东西比水火更显眼，物品中没有什么东西比宝玉珍珠更珍贵，人类社会中，没有什么比礼义更显赫。所以，太阳月亮如果不高挂空中，它们的光辉就不照耀；水火如果不积聚，光泽和光辉就不显眼；珍珠宝玉如果不光彩显露，天子、诸侯们就不会把它当宝贝；礼义如果不在国内推行，也就显不出什么功业和名声的意义了。所以人的命运决定于上天，国家的命运取决于礼义。君主们如果推崇礼义，尊重贤人，就能在天下称王；如果注重法治、爱护人民，就能称霸诸侯；如果只好财货、净搞欺诈，就会国破家亡；如果要阴谋搞权术坑害人，不择手段铤而走险，那就只能是彻底灭亡了。

【原文】

大天而思之，孰與物畜而制之？從天而頌之，孰與制天命而用之？望時而待之，孰與應時而使之？因物而多之，孰與騁能而化之？思物而物之，孰與理物而勿失之也？願於物之所以生，孰與有物之所以成？故錯人而思天，則失萬物之情。

【译文】

与其思慕上天的伟大，为什么不储备并控制万物呢？与其顺从上天而颂扬它的神妙，为什么不把天道的规律掌握在自己的手中而利用它呢？与其盼望时令而等待它的到来，为什么不因时制宜而让季节为人类服务呢？与其依靠万物的自然增殖，为什么不让人施展才能改变它以便满足人们需要的变化呢？与其思慕万物而把它们当做与己无关的外物，为什么不管理好万物而别让失去它们呢？与其希望认知天地万物之所以产生的原因，为什么不占有那已经生成的万物呢？所以，如果放弃人的努力而寄望于天，实在是辜负了天地万物相对于人来说如此这般美好的存在性。

【原文】

百王之無變，足以爲道貫。一廢一起，應之以貫。理貫不亂。不知貫，不知應變，貫之大體未嘗亡也。亂生其差，治盡其詳。故道之所善，中則可從，畸則不可爲，匿則大惑。水行者表深，表不明則陷；治民者表道，表不明則亂。禮者，表也。非禮，昏世也。昏世，大亂也。故道無不

明，外内異表，隱顯有常，民陷乃去。

【译文】

历代帝王都有不改变的东西，完全可以用来作为不变的原则。一个国家衰亡了，一个国家兴起了，我们要用不变的原则来应付这种变局。理解好不变的原则，国家就不会混乱衰亡。不理解不变的原则，就难以把握历史的规律以应付变局。不变的原则和历史的规律从来不曾消失。社会的混乱，产生于不变的原则出了差错；社会安定，全在于不变的原则得到了周详的理解和推行。所以，不变的原则中那些被人看好的，运用效果好，就可以顺从；运用效果不好，就不能用来做事。如果搞错了，就会造成世道人心的极大迷惘。蹚水过河的人要用标尺探明水的深浅，如果你用的标尺不准确，就会被淹死在深水之中；治理民众用的标尺就是不变的原则，如果你对这种标尺不明确，就会造成社会动乱。礼制，就是治理民众的标尺。违反了礼制，就是黑暗的社会，黑暗的社会，就会导致天下大乱。所以，不变的原则没有照不亮的地方。如果对外、对内使用不同的标尺，如果不懂得不变的原则有时隐蔽不彰，有时显露出来，但它本身却是永恒不变的规则，那么民众就会由于陷入苦难而离你而去。

【原文】

萬物爲道一偏，一物爲萬物一偏。愚者爲一物一偏，而自以爲知道，無知也。

慎子有見於後，無見於先；老子有見於詘，無見於信；墨子有見於齊，無見於畸；宋子有見於少，無見於多。有後而無先，則羣衆無門；有詘而無信，則貴賤不分；有齊而無畸，則政令不施；有少而無多，則羣衆不化。《書》曰：「無有作好，遵王之道；無有作惡，遵王之路。」此之謂也。

【译文】

各种各样的具体事物都只是天地万物中的独特的一个，某一个事物也就只能是万事万物中的一个。愚昧的人只认识了某一类事物的一个方面，就自以为知道了天地万物之道，实在是无知的表现。

慎子只看到了人们需要在后服从的一面，但他却不知道人类社会需要有一个人在前面领导；老子只看到了人们需要谦退忍让的一面，但他却不知道人们更需要积极进取；墨子只看到了人人应该平等的一面，但他却不知道社会生活实际上需要等级差别；宋子只看到人有恬淡寡欲的一面，但他却不知道人也有贪得无厌的一面。慎子只强调人的服从而不懂得人们需要有领导在前引路，按他的说法做去，民众就会不知道该怎么样继续生活而失去了前进的门径；老子只强调谦退隐忍而不知道积极进取，按他的说法做去，人们之间就不再有高贵和卑贱的区别；墨子只知道人人应该平等而反对等级差别，如果按他的说法做去，控制性的政策法令就无

法有效地贯彻实施；宋子只知道人的恬淡寡欲而看不到人的贪得无厌，按他的说法做去，群众就会因为容易满足而失去了生活的动力。《尚书》上说：「不要只凭个人的爱好，要服从君主的正确领导；不要只想个人的厌恶，要走上君主指引的道路。」说的就是这个道理。

【原文】

正論篇第十八

世俗之爲説者曰：「主道利周。」是不然。主者，民之唱也；上者，下之儀也。彼將聽唱而應，視儀而動。唱默則民無應也，儀隱則下無動也。不應不動，則上下無以相有也。若是，則與無上同也，不祥莫大焉。故上者，下之本也。上宣明則下治辨矣，上端誠則下愿慤矣，上公正則下易直矣。治辨則易一，愿慤則易使，易直則易知。易一則彊，易使則功，易知則明，是治之所由生也。上周密則下疑玄矣，上幽險則下漸詐矣，上偏曲則下比周矣。疑玄則難一，漸詐則難使，比周則難知。難一則不彊，難使則不功，難知則不明。是亂之所由作也。

故主道利明不利幽，利宣不利周。故主道明則下安；主道幽則下危。故下安則貴上；下危則賤上。故上易知則下親上矣；上難知則下畏上矣。下親上則上安，下畏上則上危。故主道莫惡乎難知，莫危乎使下畏己。傳曰：「惡之者衆則危。」《書》曰：「克明明德。」《詩》曰：「明明在下。」故先王明之，豈特玄之耳哉！

【译文】

一些庸俗理论家认为：「君主的统治措施以周密隐蔽为有利。」这种说法不对。君主是民众的号召者，上级是下级的表率。臣民们要根据号召来响应，看着表率来行动。发号召的人不说话，民众的行动就没有根据；表率隐蔽，下属就无从行动。臣民不响应、不行动，君主和臣民就无法上下相协调了。这样，就和没有君主一样，没有比这更不吉利的事了。所以，君主是臣民的根基。君主公开透明，臣民们也就能治理，好办事；君主端正诚实，臣民们就老实忠厚；君主公开正直，臣民们就不容易走上弯路。事儿都做得好，国家就统一强盛，臣民就容易被差遣得动；君主的统治简易正直，臣民们容易了解上级的意图，君主也会明白清楚。君主的统治简易一致，国家就强盛；臣民容易差遣，君主就容易建功立业。简易明智的统治，一切都清楚明白，国家因此也就得到了治理。君主隐蔽秘密，臣民就疑惑迷乱；君主阴暗险恶，臣民就虚伪欺诈；君主偏私不公正，臣民就会紧密勾结。臣民疑惑迷乱就难以统一，虚伪欺诈就难以役使，紧密勾结就难以了解。臣民难以统一，国家就不会强盛；臣民难以役使，君主就不能建立功业；臣民难以了解，君主就会啥也不清楚。祸乱也就由此而开始萌

生了。

所以，君主的统治措施以透明为有利，而以秘密为不利，以公开为有利而以隐蔽为不利。君主的统治措施公开透明，那么臣民就安逸；君主的统治措施秘密隐蔽，那么臣民就危险。臣民能过上安逸的生活，君主就会被尊重；臣民生活在危险之中，君主就会受鄙视。君主的政治意图容易被了解，那么臣民就亲爱君主；君主的措施难以被了解，那么臣民就害怕君主。臣民亲爱君主，君主就安逸；臣民害怕君主，君主就危险。所以，世界上没有比君主的政治意图难以被了解更坏的事了，没有比让臣民生活在危险之中而让君主更害怕的事了。古书上说：「憎恨他的人多，他就危险了。」《尚书》上说：「能够彰明贤明的德行。」《诗经》上说：「要彰明美德在天下。」所以，圣王要公开透明，难道只要让自己幽深难知就算了吗？

【原文】

世俗之爲説者曰：「桀、紂有天下，湯、武篡而奪之。」是不然。以桀、紂爲常有天下之籍則然，親有天下之籍則不然。天下謂在桀、紂，則不然。

古者天子千官，諸侯百官。以是千官也，令行於諸夏之國，謂之王；以是百官也，令行於境内，國雖不安，不至於廢易遂亡，謂之君。聖王之子也，有天下之後也，執籍之所在也，天下之宗室也；然而不材不中，内則百姓疾之，外則諸侯叛之，近者境内不一，遥者諸侯不聽，令不行於境内，甚者諸侯侵削之，攻伐之；若是，則雖未亡，吾謂之無天下矣。

聖王没，有執籍者罷，不足以縣天下，天下無君。諸侯有能德明威積，海内之民莫不願得以爲君師；然而暴國獨侈，安能誅之，必不傷害無罪之民，誅暴國之君若誅獨夫。若是，則可謂能用天下矣。能用天下之謂王。

湯、武非取天下也，修其道，行其義，興天下之同利，除天下之同害，而天下歸之也。桀、紂非去天下也，反禹、湯之德，亂禮義之分，禽獸之行，積其凶，全其惡，而天下去之也。天下歸之之謂王，天下去之之謂亡。故桀、紂無天下而湯、武不弑君，由此效之也。湯、武者，民之父母也；桀、紂者，民之怨賊也。今世俗之爲説者，以桀、紂爲君而以湯、武爲弑，然則是誅民之父母而師民之怨賊也，不祥莫大焉。以天下之合爲君，則天下未嘗合於桀、紂也，然則以湯、武爲弑，則天下未嘗有説也，直墮之耳。

故天子唯其人。天下者，至重也，非至彊莫之能任；至大也，非至辨莫之能分；至衆也，非至明莫之能和。此三至者，非聖人莫之能盡，故非聖人莫之能王。聖人備道全美者也，是縣天下之權稱也。

桀、紂者，其知慮至險也，其至意至闇也，其行之爲至亂也；親者疏之，賢者賤之，生民怨之，禹、湯之後也，而不得一人之與；刳比干，囚箕

子，身死國亡，爲天下之大僇，後世之言惡者必稽焉；是不容妻子之數也。故至賢疇四海，湯、武是也；至罷不容妻子，桀、紂是也。今世俗之爲説者，以桀、紂爲有天下而臣湯、武，豈不過甚矣哉？譬之，是猶傴巫、跛匡大自以爲有知也。

故可以有奪人國，不可以有奪人天下；可以有竊國，不可以有竊天下也。可以奪之者可以有國，而不可以有天下，竊可以得國，而不可以得天下。是何也？曰：國，小具也，可以小人有也，可以小道得也，可以小力持也；天下者，大具也，不可以小人有也，不可以小道得也，不可以小力持也。國者，小人可以有之，然而未必不亡也；天下者，至大也，非聖人莫之能有也。

【译文】

一些庸俗的理论家认为：「夏桀、商纣本来拥有着天下，是商汤和周武王给人家篡夺了。」这种说法不对。认为桀、纣曾经有过统治的地位，那是对的；认为他们亲自掌握着天下的权力，那就不对了。所以现在天下人认为：国家原来在夏桀、商纣手中，那是不对的。

古代的天子，有上千个官员；诸侯有上百个官员。依靠这上千个官员，政令能够推行到中原各诸侯国，我们称之为君王；依靠这上百个官员，政令能够在诸侯国得到推行，国家即使不

安定，但还不至于被废黜、撤换、垮台、灭亡，我们还可以称他们为国君。圣明帝王的子孙们，天生拥有着天下，权势天生是在他们的手里，所以他们是天下人所尊崇的帝王之家。但是如果他们没有才能又不公正，京畿内的百姓怨恨他，地方上的诸侯背叛他；近处，境内不统一，远处，诸侯不听从；他的政令不仅不能在京畿之内得到推行，甚而至于有的诸侯国侵略、分割、削弱他，攻打讨伐他；这样的话，那么他即使还没有灭亡，我也要说，他实际上已经没有天下了。

圣明的帝王死了，那些拥有权势、掌握着天子势位的后代无德无才，没有能力把天下掌握在自己手中，实际上就等于天下已经没有了君主。诸侯国君中如果有人能够道德贤明，威望崇高，那么四海之内的人民就会无不愿意得到他，服从他的命令，听从他的教导，尊他为君为师。然而暴君统治的国家却偏偏既奢侈又放纵，怎么能杀掉暴君呢？如果征服者能够确保不伤害那里没有罪过的民众，那么杀掉暴国的君主就像杀掉一个孤独无依的人一样。这样，我们就可以说他是个能用天下的人了。能用天下的人就叫做帝王。

商汤、周武王并不是夺取了天下，而是遵行那永恒的原则，奉行那合宜的道义；兴办天下人的共同福利，除去天下人的共同祸害，因而使得天下人归顺了他们。夏桀、商纣也并不是丢了天下，而是他们违背了他们的先祖夏禹、商汤的德行，扰乱了礼义的名分，做出了禽兽般的事；他们不断行凶，无恶不作，因而天下人抛弃了他们。天下人归顺谁，谁就可称王，天下人抛弃谁，谁就会灭亡。所以，夏桀和商纣王并不拥有天下，而商汤和周武王也并没有杀掉自己的君主，从这个角度

来看，就能证明这一点。商汤和周武王是人民的父母；夏桀和商纣王是人民的仇敌。现在，一些庸俗的理论家们，把夏桀和商纣王当成君主，而认为商汤和周武王是弑君的贼人，但这实在是在谴责人民的父母，而把人民的仇敌当成君长，这实在是个莫大的不祥之兆。如果认为天下归附的人就是君主，那么天下人从来没有归附过桀和纣；以此为标准，那么认为商汤和周武王是弑君，那就是普天下从未听说的胡话。这只不过是想着法儿在毁谤商汤和周武王罢了！

所以，社会一定要选择一个理想的人来担任天子。因为治理天下的任务极其繁重，不是个最为坚强有力的人是不能够胜任的；天下的范围极其广大，不选择个最能明辨是非的人是不能让各种事情各安其分的；天下民众极其众多，不选择个最为通达明白的人是不能够让这么多人协调一致的。这三个最，不是圣人没有谁能够具备。所以，如果不是圣人就没有资格称王并统治天下。圣人是道德完备、十全十美的人，他就像挂在天上的一杆秤。

夏桀和商纣王，他们的谋虑极其险恶，他们的志欲极其愚昧而见不得人，他们的行为极其昏乱。所以，亲近的人疏远他们，贤能的人鄙视他们，人民怨恨他们。他们虽然是夏禹、商汤的后代，却得不到一个人的帮助。商纣王将比干剖腹挖心，把箕子囚禁起来，结果自身死于非命，国家也随之灭亡，成为天下最可耻的人。后世一说到坏人，总是要拿他们作例证。这就是他们不能保住妻子儿女的原因。所以，极有德能的人能规范天下，商汤王和周武王就是这样的人；那些最没有德能的人，不能庇护妻子儿女，夏桀和商纣就是这样的人。现在社会上那些庸俗的理论家们，他们把夏桀、商纣当成了拥有天下的君主，而把商汤王和周武王当成臣子，这错误不是错得太离谱了吗？打个比方，这就好像是驼背的巫婆和瘸了腿的狂妄之徒，突然宣称他们获得了真理一样。

所以，我们进一步认为：别人的国家可以夺取，而天下却是不可能夺取的；国家政权可以窃取，全天下的统治权却不可能窃取。夺取政权的人可能拥有一个国家，却不可能拥有整个天下；窃取政权也可以得到一个国家，却不可能窃取到整个天下。这是为什么呢？可以这样回答：国家是个小器具，品行低劣的人也可能占有，可以依靠歪门邪道来得到，可以凭借不大一点儿的力量就能维持；但天下是个大器具，不可能让品德低劣的人占有，不可能依靠歪门邪道来取得，力量小的人是不可能维持住整个天下的。国家，小人可以拥有它，虽说它未必不灭亡；天下，是至大无外的，如果他不是圣人，就不可能来占有它。

【原文】

世俗之爲説者曰：「治古無肉刑而有象刑。墨黥；慅嬰；共，艾畢；剕，對屨；殺，赭衣而不純。治古如是。」是不然。

以爲治邪？則人固莫觸罪，非獨不用肉刑，亦不用象刑矣。以爲人或觸罪矣，而直輕其刑？然則是殺人者不死，傷人者不刑也。罪至重而刑至輕，庸人不知惡矣，亂莫大焉。凡刑人之本，禁暴惡惡，且徵其未也。

殺人者不死而傷人者不刑，是謂惠暴而寬賊也，非惡惡也。故象刑殆非生於治古，竝起於亂今也。治古不然。凡爵列、官職、賞慶、刑罰，皆報也，以類相從者也。一物失稱，亂之端也。夫德不稱位，能不稱官，賞不當功，罰不當罪，不祥莫大焉。昔者武王伐有商，誅紂，斷其首，縣之赤旆。夫征暴誅悍，治之盛也。殺人者死，傷人者刑，是百王之所同也，未有知其所由來者也。刑稱罪則治，不稱罪則亂。故治則刑重，亂則刑輕，犯治之罪固重，犯亂之罪固輕也。《書》曰：「刑罰世輕世重。」此之謂也。

【译文】

一些庸俗的理论家认为：「古代社会很人道，没有肉刑，而只有象征性的刑罚。古代用黑墨画在脸上代替在脸上刺字的黥刑；割鼻子的劓刑，是用系上草制的帽带来代替；阉割生殖器的宫刑，是用割去衣服前的蔽膝来代替；把脚砍掉的剕刑，是用穿麻鞋来代替；杀头的死刑，用穿上红褐色的衣服而不做衣领来代替。人道的原始社会就是这样。」这种说法不对。

难道你们真的认为当时就用这办法就可以治理好了吗？如果真的是那样，那就是说当时的人根本就没人会犯罪，如果没人犯罪，那就不但用不着肉刑，而且也用不着这种象征性的刑罚了。如果以为当时的人还是有人会犯罪，那么难道仅仅是减轻他们的刑罚吗？如果那样的话，那就是杀人者可以不被处死，伤人者不会被处罚。如果罪行极重而刑罚极轻，一般的人怕是就

不知道害怕犯罪了，那么社会的混乱程度，怕是就会乱得不得了。大凡惩罚人的根本目的，就是禁止暴行，反对邪恶，结果就会有防范未来的社会效果。杀人的不处死，害人的不受刑，这可以叫做对凶暴的人施加恩惠，对坏人宽厚；这不是反对作恶，怕是要鼓励作恶了。所以象征性的刑罚恐怕并非产生于治理得很好的古代，而都是产生于混乱的现代。治理得好的古代并不是这样的。凡是爵位、官职、奖赏、刑罚都是一种报赏，是与行为的类别轻重相适应的。一件事情赏罚失当，那就是祸乱的开端。德行和地位不相称，能力和官职不相称，奖赏和功劳不相当，刑罚和罪过不相当，这是无与伦比的不祥之兆。从前周武王讨伐商王朝，惩罚商纣王，砍下他的头，把头挂在红旗的飘带上。这是征伐暴君，惩罚元凶，是政治上的丰功伟绩。杀人者处以死刑，伤人者受到惩罚，这是历代帝王所共同遵循的一贯措施。没有人知道它是从什么时候传下来的。刑罚和罪行相适应，社会才能治理好；刑罚和罪行不相适应，社会就会混乱。所以，如果想要治理好社会，就该加重刑罚；想要社会混乱，刑罚才会减轻。因为在治理得好的时代犯罪，这本来就性质严重；混乱的时代犯了罪，性质上本来就轻。《尚书》上说：「刑罚么！有的时代轻、有的时代重。」说的就是这种情况。

【原文】

世俗之爲説者曰：「湯、武不能禁令。」是何也？曰：「楚、越不受制。」是不然。

湯、武者，至天下之善禁令者也。湯居亳，武王居鄗，皆百里之地也，天下爲一，諸侯爲臣，通達之屬，莫不振動從服以化順之，曷爲楚、越獨不受制也？彼王者之制也，視形埶而制械用，稱遠邇而等貢獻，豈必齊哉？故魯人以榶，衛人用柯，齊人用一革。土地形制不同者，械用備飾不可不異也。故諸夏之國同服同儀，蠻、夷、戎、狄之國同服不同制。封內甸服，封外侯服，侯衛賓服，蠻夷要服，戎狄荒服。甸服者祭，侯服者祀，賓服者享，要服者貢，荒服者終王。日祭、月祀、時享、歲貢，終王。夫是之謂視形埶而制械用，稱遠近而等貢獻，是王者之至也。彼楚、越者，且時享、歲貢、終王之屬也，必齊之日祭、月祀之屬然後曰受制邪？是規磨之說也。溝中之瘠也，則未足與及王者之制也。語曰：「淺不足與測深，愚不足與謀知，坎井之鼃不可與語東海之樂。」此之謂也。

【译文】

那些庸俗的理论家们有一种说法：「商汤、周武王的禁令其实并没有得到实施。」这种说法的根据是什么呢？他们说：「因为楚国、越国并不受他们的制约。」这种说法不对。

商汤王和周武王，是普天下最善于实施禁令的人。商汤居住在亳邑，周武王居住在鄗京，他们都不过是凭借方圆百里的地方，但天下被他们统一了。各诸侯国都成了他们的臣属，凡道路所通之处，人们无不惊恐敬畏地听从他们，归服他们，以至于被感化而依附于他们。为什么楚国、越国偏偏不受他们的制约呢？他们做王者的制度，是根据各地的情形来制造器械用具的，他们根据和王畿的距离远近，规定进贡的等级差别，哪里说过一定要整齐划一呢？所以鲁国人用碗，卫国人用盂，齐国人用整块皮制作器皿。地理环境不同，风俗习惯就不同，器械用具和装备服饰不能不有差别。所以，中原各国同样服事天子而礼节规范相同。南蛮、东夷、西戎、北狄这些地方，虽然也服事天子，风土人情却是不同的。天子直接管辖的领地上的民众，以缴纳农作物来服事天子，天子直接管辖的地区外围，君臣人等以守侯放哨来服事天子，再向外负责守望保卫的侯卫地区则以宾客的身份按时进贡地方土特产，南蛮、东夷等少数民族地区接受天子的约束，西戎、北狄等少数民族地区以不固定的方式，不时朝贡天子，以示服从。缴纳农作物服事天子的地区，他们要负责供给祭祀祖父、父亲的物品；以守侯放哨的方式服事天子的，负责供给祭祀曾祖、高祖的物品；以宾客身份按时进贡来服事天子的，负责供给祭祀远祖、始祖的物品；接受约束的地区，负责供给祭祀天神的物品；以不固定的方式、不时来进贡的地区，要承认天子的统治地位。每天要祭祀一次祖父和父亲，每个月要祭祀一次曾祖和高祖，每个季度要祭祀一次远祖和始祖，每年要祭祀一次天神，每一代天子死了，新君即位就要朝拜一次新天子，表示他们承认了新君的统治地位。这就是所谓的根据各地的情形来制造器械用具，根据远近的不同来规定进贡的等级差别。这就是王者的制度。楚国和越国，不过是按季、按年进贡祭品，一

代天子死了以后要来朝拜新天子之类的国家，难道一定要使他们与那些每天、每月提供祭品的国家一样，然后才可以说他们是受制约了吗？这是有差错的说法呀！这些理论家们就像是山沟里的僵尸，实在不值得和他们论及圣王的制度。俗话说：「短绳不能量深井，蠢人不足以谋大事，井蛙不懂得东海中的乐趣。」说的就是这种情况。

【原文】

世俗之爲說者曰：「堯、舜擅讓。」是不然。

天子者，埶位至尊，無敵於天下，夫有誰與讓矣？道德純備，智惠甚明，南面而聽天下，生民之屬莫不振動從服以化順之，天下無隱士，無遺善，同焉者是也，異焉者非也，夫有惡擅天下矣？

曰：「死而擅之。」是又不然。

聖王在上，圖德而定次，量能而授官，皆使民載其事而各得其宜；不能以義制利，不能以僞飾性，則兼以爲民。聖王已没，天下無聖，則固莫足以擅天下矣。天下有聖而在後者，則天下不離，朝不易位，國不更制，天下厭然與鄉無以異也；以堯繼堯，夫又何變之有矣？聖不在後子而在三公，則天下如歸，猶復而振之矣，天下厭然與鄉無以異也；以堯繼堯，夫又何變之有矣？唯其徙朝改制爲難。故天子生則天下一隆，致順而治，論德而定次。

死則能任天下者必有之矣。夫禮義之分盡矣，擅讓惡用矣哉？

曰：「老衰而擅。」是又不然。

血氣筋力則有衰，若夫智慮取舍則無衰。

曰：「老者不堪其勞而休也。」是又畏事者之議也。

天子者，埶至重而形至佚，心至愉而志無所詘，而形不爲勞，尊無上矣。衣被則服五采，雜閒色，重文繡，加飾之以珠玉。食飲則重大牢而備珍怪，期臭味，曼而饋，代睪而食，《雍》而徹乎五祀，執薦者百人侍西房；居則設張容，負依而坐，諸侯趨走乎堂下。出户而巫覡有事，出門而宗祀有事，乘大路、趨越席以養安，側載睪芷以養鼻，前有錯衡以養目，和鸞之聲，步中《武》《象》、騶中《韶》《護》以養耳，三公奉軶持納，諸侯持輪挾輿先馬；大侯編後，大夫次之，小侯、元士次之；庶士介而夾道，庶人隱竄，莫敢視望。居如大神，動如天帝，持老養衰，猶有善於是者與不？老者，休也，休猶有安樂恬愉如是者乎？故曰：諸侯有老，天子無老，有擅國，無擅天下。古今一也。

夫曰堯、舜擅讓，是虛言也，是淺者之傳，陋者之說也，不知逆順之理，小大、至不至之變者也，未可與及天下之大理者也。

【译文】

社会上那些庸俗的创立学说者有一种说法：「尧、舜把王位禅让给外姓人了。」这种说法不对。

天子的权势地位至高无上，无敌于天下，谁敢和他推让呢？尧、舜的道德美好而完备，智慧和仁爱之心也普照天下；南面而坐治理天下，所有活着的人，都惊恐地敬畏他们，听从并归服他们，以至于被感化而依赖于他们；天下没有人敢隐姓埋名不为国家出力，也没有被遗忘的好人好事；和尧、舜的言行保持一致就正确，不同就算错误，他们是一定不会情愿把天下让给别人的呀！

有人会说：「那王位是等他们死了以后才禅让的。」这又不对。

圣明的帝王处在君位上，他们根据德行定等级，考量才能封官职，所有的贤能之人全都负起自己的责任，而且圣王的安排又各得其所；如果不能用道义来制约私利，不能通过人为的努力来改造性情，那就统统让他们削职为民。圣王死了以后，天下如果没有圣人，那么根本就不可能有人来接受禅让了。天下如果有圣人而又是圣王的儿孙，那么天下人也就不会离心离德。所以圣王死后，朝廷上没有人会改变官位，国家也不会改变制度，天下安安稳稳，和过去没有什么不同。这是用尧一样的圣王来继承尧，哪会有什么改变呢？如果圣人不出在圣王的儿孙之中而出在辅佐大臣之中，那么天下人就像回家看看一样，到朝中朝拜一次对新君王表示一下敬意也就一切如故了；这样，天下也会安安稳稳地一仍其旧，和过去没有什么不同；这仍然是用尧一样的圣王来继承尧，哪会有什么改变呢？只有改朝换代、变更制度才是困难的。所以，如果圣明的天子还活着，天下人就会专一地尊崇他，极其顺从他，社会也极有秩序；人人都根据他的德行来确定各自的等级位次就是了。

只要天子死了，能够负起治理天下重任的继承人是一定会有的。先王的礼义制度已经预先决定了各人的名分，全部落实得好好的，哪里还用得上什么禅让呢？

有人会说：「圣王年老体衰，这才把王位禅让了。」这又不对。

人的血脉、气色、筋骨、体力，倒是会衰退，至于他们的智慧和思考问题的能力，判断和选择的能力，是不会衰退的。

还有人会说：「圣王年纪大了，不想受劳累，退休下来休息了。」这又是怕做事的人说的话。

天子虽然权势极大，身体却是极安逸的，当天子心情极愉快而志得意满，所以身体不会因为当了天子就劳累，而他的尊贵则是至高无上的。穿着嘛，穿的是五色上衣，再配上杂色的下衣，绣上有花纹的刺绣，再加上珠玉的装饰。吃喝嘛，他们是牛、羊、猪齐全的宴会一个接一个，珍贵稀奇的美味佳肴样样具备，各种香气美味应有尽有；在音乐声中送上食物，在击鼓声中进餐，奏起《雍》曲而把宴席撤回到灶上祭祀灶神，端菜的人有上百个侍候在西厢房。呆在天子的位置上听政，是要设置帷幕和大屏风的，背靠大屏风坐着，诸侯在堂下恭敬地奔走着前来朝见。如

果要出宫门，巫觋就有事情了，要出王城大门看看吉凶，大宗伯和大祝也会有事情了，要主持祭祀并颂念祝福的祷词；那圣王坐上宽阔的大车、踩着柔软的蒲席来保持身体的安稳，旁边放上湖岸上生长的香草来调养鼻子，车前有画着花纹的横木来调养眼睛，车铃的声音在车子慢行时合乎《武》、《象》的节奏，车子奔驰进来，会合乎《韶》、《护》的节奏，这是用来调养耳朵的；三公一手扶车轭一手握缰绳，诸侯有的扶车轮，有的护车厢，有的在马前引路；大国诸侯排列在车后，大夫跟在诸侯的身后；小国诸侯和天子的高级文官再跟在大夫的身后；士兵们穿着威风凛凛的铠甲，站在道路两旁作警卫，百姓们隐藏躲避，没有人敢抬头看一眼。当天子的，坐着像大神一样尊严，行动像天帝一样自如，扶老而又养衰，对身体大有裨益，哪还有比这更好的养生之道呢？老年人是要休息，可那普通的休息哪有这样工作安定快乐、宁静愉悦的呢？所以说：诸侯有告老退休的，天子不会有人想告老退休的。诸侯国君是可以禅让的，那让的是国家，天子却没有告老退休的，因为没听说有人会禅让天下。这一点，我想古今都是一样的。

所谓尧、舜禅让了王位的说法，是假话，是知识肤浅者的传闻，是孤陋寡闻者的胡说。他们不懂得什么是违背世道人心的道理，不懂得国家与天下的区别，也不懂得至高无上和仰人鼻息之间的不同，完全是一帮还没资格和我谈论天下大道理的人啊。

【原文】

世俗之爲説者曰：「堯、舜不能教化。」是何也？曰：「朱、象不化。」是不然也。

堯、舜，至天下之善教化者也，南面而聽天下，生民之屬莫不振動從服以化順之。然而朱、象獨不化，是非堯、舜之過，朱、象之罪也。堯、舜者，天下之英也；朱、象者，天下之嵬，一時之瑣也。今世俗之爲説者，不怪朱、象而非堯、舜，豈不過甚矣哉？夫是之謂嵬説。羿、蠭門者，天下之善射者也，不能以撥弓、曲矢中；王梁、造父者，天下之善馭者也，不能以辟馬、毁輿致遠；堯、舜者，天下之善教化者也，不能使嵬瑣化。何世而無嵬，何時而無瑣？自太皞、燧人莫不有也。故作者不祥，學者受其殃，非者有慶。《詩》曰：「下民之孽，匪降自天，噂沓背憎，職競由人。」此之謂也。

【译文】

一些庸俗的理论家们说：「尧、舜不能教育、感化人。」这种说法的根据是什么呢？他们说：「因为丹朱和象都没有被感化。」这种说法不对。

尧和舜，是全天下最善于教育感化人的了，他们面南而坐治天下，所有的民众无不惊恐敬畏，顺应服从，以至于被感化而依赖着他们。然而唯独尧的儿子丹朱、舜的弟弟象，却不能被感化。但这不是尧、舜的过错，而是丹朱和象的罪过。尧、舜是天下的英杰，丹朱和象是天下的怪

物，时代的庸人。现在，那些庸俗理论家们不责怪丹朱和象却非议尧、舜，岂不是差之毫厘谬以千里吗？这说法实在是奇谈怪论。羿和逢蒙，是天下最善于射箭的人，但他们不能用别扭的弓和弯曲的箭去射中微小的目标；王良、造父，是天下最善于驾车的人，但如果给他们瘸腿马和坏车子照样到不了远方的目的地；尧、舜是天下最善于教育人感化人的了，但他们正像善射和善驭的人那样，不能使怪僻鄙陋的人转化。哪个社会没有怪僻的人？哪个时代没有鄙陋的人？可以说，自从太皞氏、燧人氏以来，没有什么时代没有这类人。所以那些理论家们糊涂，跟着他们学习的人就要受毒害，只有非难他们，才能看到希望。《诗经》上说：「民众的罪孽和灾难，并非从上天降下来；当面唠叨背后恨，主要是人在作祟。」说的就是这个道理。

【原文】

世俗之爲説者曰：「太古薄葬，棺厚三寸，衣衾三領，葬田不妨田，故不掘也。亂今厚葬飾棺，故抇也。」是不及知治道，而不察於抇不抇者之所言也。

凡人之盗也，必以有爲，不以備不足，足則以重有餘也。而聖王之生民也，皆使當厚優猶不知足，而不得以有餘過度。故盗不竊，賊不刺，狗豕吐菽粟，而農賈皆能以貨財讓；風俗之美，男女自不取於涂而百姓羞拾遺。故孔子曰：「天下有道，盗其先變乎！」雖珠玉滿體，文繡充棺，黄金

充棺，加之以丹矸，重之以曾青，犀、象以爲樹，琅玕、龍兹、華覲以爲實，人猶且莫之抇也。是何也？則求利之詭緩，而犯分之羞大也。

夫亂今然後反是。上以無法使，下以無度行，知者不得慮，能者不得治，賢者不得使。若是，則上失天性，下失地利，中失人和，故百事廢，財物詘而禍亂起。王公則病不足於上，庶人則凍餧羸瘠於下，於是焉桀、紂羣居，而盗賊擊奪以危上矣。安禽獸行，虎狼貪，故脯巨人而炙嬰兒矣。若是，則有何尤抇人之墓、抉人之口而求利矣哉？雖此倮而薶之，猶且必抇也，安得葬薶哉？彼乃將食其肉而齕其骨也。夫曰「太古薄葬，故不抇也，亂今厚葬，故抇也」，是特姦人之誤於亂説，以欺愚者而潮陷之以偷取利焉，夫是之謂大姦。傳曰：「危人而自安，害人而自利。」此之謂也。

【译文】

那些庸俗的理论家们说：「远古时代的葬礼讲究节俭，棺材板只有三寸厚，衣服只有三套，被子只有三条，埋在地里不堆坟丘而不妨碍种地，所以不会被盗挖。现在的社会很混乱，葬礼奢侈，用珠宝来装饰棺材，所以才会引来盗墓贼的盗挖。」说这话的人，还没弄懂治国之道，所以对有没有盗墓贼的原因也不清楚。

大凡人们去偷窃，一定是有原因的，不是为了让自己不够用的东西齐备，就是为了让自己绰

绰有余的东西更富余。圣王们养育民众，让他们个个富有宽裕而又知足；不允许他们有过分多余的财物，也不能超过礼制规定的标准。所以，窃贼不偷窃，强盗不抢劫、不杀人；猪狗不会吃粮食，农夫商人都把财物给别人；风俗是如此的美好，男男女女不在路上相会，而百姓都以拾别人丢的东西为羞耻。所以孔子说：「社会政治清明，盗贼的道德观念大概也会先转变的吧！」于是即使珍珠宝玉挂满身，刺绣的丝织品塞满内棺，黄金塞满外棺，用朱砂来涂刷，用锈铜粉来保护；墓穴中，犀牛角和象牙雕成树，各种玉石之珠做成果，人们该不盗墓还是不盗墓。这是为什么呢？因为人们没有了牟利的诡诈之心，而以做不合自己正式身份的事情为最大的耻辱。

当今社会混乱，与古代相反。君主不依靠法度役使民众，臣民也不照法度去办事，有才智的人不能去为国效力，有能力的人没机会当官去为人民服务，有德行的人没有机会使唤人。于是乎，君主错失农时，民众丧失地利，人人失和，不能同心协力。所以，百事俱废，财物紧缺，祸乱也就产生了。天子诸侯们身处上位只嫌财货不足，老百姓在社会底层挨饿受冻，羸弱消瘦；于是乎桀、纣般的暴君成群结队，他们占据着国家的重要职务；盗贼们于是也就打家劫舍，危害社会秩序。一个个像禽兽一样横行霸道，像虎狼一样贪婪无耻。最严重的，他们把活人当肉干，婴儿当烤肉。情况已经到了这种地步，为什么要指责盗墓贼，说他们偷死人嘴里的珠宝求利益呢？在这种情况下，即使是赤身裸体埋死人，也仍然可能被挖出来，还讨论什么丧葬问题呢？

因为他们可能连死人的肉和死人的骨头都会弄去吃，弄去啃啊。所谓「远古时葬礼节俭，所以不会被盗挖；当今社会混乱葬礼奢费，所以才会被盗挖」，这只是奸邪的人被谬论迷惑了，却又用它来欺骗愚笨的人坑害他们，以便从中捞点苟且的好处罢了。这就叫做最大的奸邪。古书上说：「威胁别人保平安，伤害他人利自己。」说的就是这种人。

【原文】

子宋子曰：「明見侮之不辱，使人不鬭。人皆以見侮爲辱，故鬭也；知見侮之爲不辱，則不鬭矣。」

應之曰：「然則亦以人之情爲不惡侮乎？」

曰：「惡而不辱也。」

曰：「若是，則必不得所求焉。凡人之鬭也，必以其惡之爲説，非以其辱之爲故也。今俳優、侏儒、狎徒詈侮而不鬭者，是豈鉅知見侮之爲不辱哉？然而不鬭者，不惡故也。今人或入其央瀆，竊其豬彘，則援劍戟而逐之，不避死傷，是豈以喪豬爲辱也哉？然而不憚鬭者，惡之故也。雖以見侮爲辱也，不惡則不鬭；雖知見侮爲不辱，惡之則必鬭。然則鬭與不鬭邪，亡於辱之與不辱也，乃在於惡之與不惡也。夫今子宋子不能解人之惡侮，而務説人以勿辱也，豈不過甚矣哉？金舌弊口，猶將無益也。不知

其無益則不知；知其無益也，直以欺人則不仁。不仁不知，辱莫大焉。將以爲有益於人，則與無益於人也，則得大辱而退耳。説莫病是矣。」

【译文】

宋钘先生说：「如果能让人明白受到侮辱而不以为耻辱这个道理，就能使人们不争斗。因为人们都把受到侮辱当成为耻辱，所以会争斗；如果人们懂得了受到侮辱而不感到这是一种耻辱，就不会争斗了。」

回答说：「如果这样的话，你是否以为人之常情并不憎恨别人的侮辱？」

他说：「憎恨是憎恨，但憎恨感并不等于耻辱感。」

回答说：「如果这样的话，那你一定达不到自己所追求的目标。因为大凡人们之间的争斗，一定是以自己憎恶对方为由，并非以自己感到耻辱为由。现在那些唱戏的优伶、滑稽演员、没轻没重开玩笑的人，他们相互笑骂侮辱而并不相互争斗起来，他们哪里是因为懂什么受到侮辱而不感到耻辱的道理呢？他们不争斗，是因为他们不憎恨对方的侮辱。现在假如有人进了你家猪圈，偷了你的猪，你一定会操起剑戟追赶窃贼，置死伤于不顾。可这哪是因为你把丢猪看为耻辱呢？可你仍然不怕争斗，那是因为憎恨小偷啊。所以，即使把受到侮辱看成耻辱，如果不憎恨，就仍然不会争斗；即使你懂得了受到侮辱不感觉耻辱的道理，但如果憎恨，还是一定会争斗。这样看来，争斗不争斗，不在于是否感到耻辱，而在于是否有憎恨。现在宋先生不能消除人们受到侮辱的憎恨，却努力劝人说：别把受到侮辱看成耻辱。这岂不是大错特错了吗？即使能言善辩的铁嘴巴把嘴皮磨破地讲这道理，恐怕还是于事无补，没什么意义。不懂得这种说教毫无裨益，那是不明智；知道毫无裨益却故意要用它来骗人，那就是不仁爱。既不仁爱又不明智，这是最大的耻辱了吧！宋先生以为自己的理论有益于人，事实上却对人无所裨益，只落得个大红脸儿而自己收场！天底下大概没有比这更糟的理论了吧！」

【原文】

子宋子曰：「見侮不辱。」

應之曰：「凡議，必將立隆正然後可也，無隆正，則是非不分而辨訟不決。故所聞曰：『天下之大隆，是非之封界，分職名象之所起，王制是也。』故凡言議期命，是非以聖王爲師；而聖王之分，榮辱是也。是有兩端矣：有義榮者，有埶榮者；有義辱者，有埶辱者。志意修，德行厚，知慮明，是榮之由中出者也，夫是之謂義榮。爵列尊，貢禄厚，形埶勝，上爲天子諸侯，下爲卿相士大夫，是榮之從外至者也，夫是之謂埶榮。流淫、汙僈，犯分、亂理，驕暴、貪利，是辱之由中出者也，夫是之謂義辱。詈侮捽搏，捶笞、臏腳，斬、斷，枯、磔，藉、靡、舌繅，是辱之由外至者也，夫是之謂埶辱。是榮辱之兩端也。故君子可以有埶辱而不可以有義辱；小人可

以有埶榮，而不可以有義榮。有埶辱無害爲堯，有埶榮無害爲桀。義榮、埶榮，唯君子然後兼有之；義辱、埶辱，唯小人然後兼有之。是榮辱之分也。聖王以爲法，士大夫以爲道，官人以爲守，百姓以爲成俗，萬世不能易也。今子宋子案不然，獨詘容爲己，慮一朝而改之，説必不行矣。譬之，是猶以塼塗塞江海也，以焦僥而戴太山也，蹎跌碎折不待頃矣。二三子之善於子宋子者，殆不若止之，將恐得傷其體也。」

【译文】

宋钘先生说：「受到侮辱而不感到耻辱。」

回答说：「凡是讨论问题，一定要确立一个最高标准才行，没有一个最高标准，是非就不能区分而争论也得不出结论。我过去听说：『天下最大最高的标准，判断是非的界限，职务分工、名物制度的起源，就是古代圣王的制度。』所以，凡是发言立论或判断事物，其是非标准都要以圣王为准；而圣王所看重区分的，是光荣和耻辱。光荣和耻辱各有两个方面：有道义方面的光荣，有势利方面的光荣，有道义方面的耻辱，有势利方面的耻辱。志向美好，德行淳厚，智虑明达，这是从内心油然而生的光荣，这叫做道义方面的光荣。爵位尊贵，贡品俸禄优厚，权势地位优越，高的做天子做诸侯，低的做卿相做士大夫，这是从外部得到的光荣，这叫做势利方面的光荣。行为放荡，污秽卑鄙，越名犯分，扰乱伦理，骄横凶暴，唯利是图，这是从内心不由得生发而来的耻辱，这叫做道义方面的耻辱。受人责骂侮辱，揪住头发挨打，受杖刑被鞭打，剔去膝盖受膑刑，四肢被砍，五马分尸，绳捆索绑，吊在树上，这是从外部得到的耻辱，这叫做势利方面的耻辱。这是光荣和耻辱的两个方面。君子可能有势利方面的耻辱而不能有道义方面的耻辱，小人可以有势利方面的光荣却不能有道义方面的光荣。有势利方面的耻辱不妨碍他成为尧，有势利方面的光荣不妨碍他成为桀。道义方面的光荣、势利方面的光荣，只有君子才能同时拥有；道义方面的耻辱、势利方面的耻辱，只有小人才会一起得到。这就是光荣和耻辱的区别。圣王以它为法度，士大夫以它为准则，官吏把它当守则，民众把它当习俗，这是千秋万代也不会改变的。现在，宋先生却一反常态，他独自委屈自己，容忍别人，还想让大家突然间一个早上都成这样，这种理论是一定行不通的。打个比方说罢，这就好像是捏个泥团去填海，让三尺的矮人驮泰山，其结果可想而知，立即就会跌倒在地粉身碎骨了。诸位读者中如果有宋先生的朋友，希望你们劝劝他，否则这样下去，怕会伤身体的。」

【原文】

子宋子曰：「人之情，欲寡，而皆以己之情爲欲多，是過也。」故率其羣徒，辨其談説，明其譬稱，將使人知情欲之寡也。

應之曰：然則亦以人之情爲欲。目不欲綦色，耳不欲綦聲，口不欲綦味，鼻不欲綦臭，形不欲綦佚？此五綦者，亦以人之情爲不欲乎？

曰：「人之情欲是已。」

曰：若是，則說必不行矣。以人之情爲欲此五綦者而不欲多，譬之，是猶以人之情爲欲富貴而不欲貨也，好美而惡西施也。

古之人爲之不然。以人之情爲欲多而不欲寡，故賞以富厚而罰以殺損也，是百王之所同也。故上賢祿天下，次賢祿一國，下賢祿田邑，願慤之民完衣食。今子宋子以是之情爲欲寡而不欲多也，然則先王以人之所不欲者賞而以人之所欲者罰邪？亂莫大焉。今子宋子嚴然而好說，聚人徒，立師學，成文曲，然而說不免於以至治爲至亂也，豈不過甚矣哉？

【译文】

宋钘先生说：「人在本性上的基本需要是很少的，但现在的人却都感到自己的欲壑难填，这是错误的。」所以他率领自己的弟子们，把他的思想理论说得动听有理，把他的比喻指称说得明白清楚，想要让人们懂得人在本性上的基本需要确实很少的道理。

可以这样来反问：如果人的基本需要真的很少的话，难道人的眼睛不想看最美的美女，耳朵不想听最动听的音乐，嘴里不想吃最好的美味，鼻子不想闻最好的味道，身体不想追求最大的安逸吗？这五种极好的享受，先生真的以为人都不想吗？

他说：「人的本性是想要这些享受的。」

回答说：如果这样，那么先生的理论怕是一定行不通了。认为人的本性想要这五种极好的东西，却又不想要很多，打个比方就好像在说，人的本性想富贵，但又不想要钱财；喜爱美女，但又讨厌西施。

古人做事并不是这样。他们认为人在本性上是好东西越多越好，所以才用财富来奖赏，用减少财富来处罚，这是各代帝王都遵循的规则。所以上等的贤才以普天下的税收作为薪俸，次一等的贤才以一国的税收作为薪俸，下等的贤才以封地内的税收作为薪俸，忠厚老实的百姓也追求吃饱穿暖。现在宋先生如果真的认为古人在本性上需要得很少，而不想多要，那么古代圣贤难道是用人们不想要的东西来奖赏，而用人们想要的东西来处罚吗？这可真就乱了套了。现在宋先生一本正经地珍爱自己的学说，聚集门徒，创建学校，写成文章，但这难免把治理得最好的社会看成是最乱的了，这岂不是错得离谱吗？

【原文】

禮論篇第十九

禮起於何也？曰：人生而有欲，欲而不得，則不能無求；求而無度量分界，則不能不爭；爭則亂，亂則窮。先王惡其亂也，故制禮義以分之，以養人之欲，給人之求，使欲必不窮乎物，物必不屈於欲。兩者相持而長。是禮之所起也。

【译文】

礼是怎样产生的呢？我们认为：人生来就有欲望；想要什么却不能得到，就不能没有追求；我追求你也追求，如果没有个规矩界限，就不能不发生争夺；争夺会带来混乱，混乱会让人陷入困境。古代的圣王厌恶混乱，所以制定了礼义来确定人们之间的规矩界限，以满足人们的欲望，满足人们的要求，使人们的欲望决不由于物资匮乏而不得满足，物资也不会因为人们的没有节制而枯竭。物资和需要在相互制约激发中增长。这就是礼的起源。

【原文】

故禮者，養也。芻豢稻粱，五味調香，所以養口也；椒蘭芬苾，所以養鼻也；彫琢、刻鏤，黼黻、文章，所以養目也；鍾鼓、管磬、琴瑟、竽笙，所以養耳也；疏房、檖貌、越席、牀笫、几筵，所以養體也。故禮者，養也。

【译文】

所以礼义制度，是调整社会秩序以满足人们需求的。牛羊猪狗的肉，稻米和谷子用来充饥，五味用来调剂口味，它们都是供养嘴巴的；椒树兰草香气芬芳，是用来调养鼻子的；器具上雕图案，礼服上绣彩纹，是用来满足眼睛的；钟、鼓、管、磬、琴、瑟、竽、笙，是用来调养耳朵的；窗户通明的房间、深邃的朝堂、柔软的蒲席、床上的竹铺、矮桌与垫席，是用来调养躯体的。所以礼这种东西，是调整社会秩序以满足人们需要的。

【原文】

君子既得其養，又好其别。曷謂别？曰：貴賤有等，長幼有差，貧富輕重皆有稱者也。故天子大路越席，所以養體也；側載睪芷，所以養鼻也；前有錯衡，所以養目也；和鸞之聲，步中《武》、《象》，趨中《韶》、《護》，所以養耳也；龍旗九斿，所以養信也；寢兕、持虎、蛟韅、絲末、彌龍，所以養威也；故大路之馬必倍至教順，然後乘之，所以養安也。孰知夫出死要節之所以養生也？孰知夫出費用之所以養財也？孰知夫恭敬辭讓之所以養安也？孰知夫禮義文理之所以養情也？故人苟生之爲見，若者必死；苟利之爲見，若者必害；苟怠惰偷儒之爲安，若者必危；苟情説之爲樂，若者必滅。故人一之於禮義，則兩得之矣；一之於情性，則兩喪之矣。故儒者將使人兩得之者也，墨者將使人兩喪之者也，是儒、墨之分也。

【译文】

在满足了物质需要之后，君主还喜爱礼的区别功能。什么叫做区别？我们认为：高贵和卑贱等级不同，年长和年幼要有差别，贫穷和富裕，权轻势微和权重势大，不同的人都各有不同的身份规定。所以，天子乘坐宽阔的大车，铺垫那柔软的蒲席，用来保养身体；旁边放置湖岸

上生长的香草，用来调养鼻子；车前画着交错花纹的横木，用来调养眼睛；车铃的声音，车子慢行时合乎《武》、《象》的节奏，车子奔驰时合乎《韶》、《护》的节奏，是用来调养耳朵；画着龙的旗帜下连有九条飘带，是用来强化身份信号的；车子上画着横卧的犀牛和蹲着的老虎，马系着沙鱼皮腹带，车前挂着丝织的帘，车耳刻成龙形，这是用来强调威严的；天子的车上的马，一定要训练得十分驯服，然后才用它拉车，这是为了安全。谁懂得坚守节操甚至献出生命是为了生命呢？谁懂得花费钱财是为了增加钱财呢？谁懂得恭敬谦让其实是为了生活安逸呢？谁懂得礼义仪式是用来陶冶情操呢？所以，人如果只看见苟且偷生，他就一定会死；如果只看见利，他就一定会受害；如果只是喜欢懈怠懒惰苟且偷安，他就一定会遇到危难；如果只喜欢纵情作乐，他就一定会灭亡。所以，人如果一门心思放在礼义制度上，就会不仅保持了礼义制度，而且满足了物质上的需要；一门心思放在纵情享乐上，那就会连礼义制度和生活享乐一齐丧失。儒家要使人们双双保全礼义制度和生活享乐，墨家却要让人双双丧失它们，这就是儒、墨两家的区别。

【原文】

禮有三本：天地者，生之本也；先祖者，類之本也；君師者，治之本也。無天地惡生？無先祖惡出？無君師惡治？三者偏亡焉，無安人。故禮，上事天，下事地，尊先祖而隆君師，是禮之三本也。

【译文】

礼有三个根本来源：天地是生命的起源，祖先是种族的起源，君师是政治的根源。没有天地，怎么会有生命？没有先祖，种族从哪里产生？没有君师，怎么能使天下太平？这三样即使部分地缺失，人们也无法正常地生活。所以说，礼是上事奉天，下事奉地，尊敬祖先而推崇君师，这是礼的三个根本来源。

【原文】

故王者天太祖，諸侯不敢壞，大夫、士有常宗，所以別貴始。貴始，得之本也。郊止乎天子，而社止於諸侯，道及士大夫，所以別尊者事尊，卑者事卑。宜大者巨，宜小者小也。故有天下者事十世，有一國者事五世，有五乘之地者事三世，有三乘之地者事二世，持手而食者不得立宗廟，所以別積厚，積厚者流澤廣，積薄者流澤狹也。

【译文】

所以，称王天下的天子可以把自己的始祖和天帝一起祭祀，诸侯则不敢有这个想法，大夫和士有百世不迁的大宗，这种宗法祭祀制度是用来区别各自所尊奉的始祖的。尊重自己的祖先，是道德的根本。到郊外祭天神仅限于天子，而祭土地神则从天子开始到诸侯为止，祭路神则向下延及到士和大夫，这是用来区别尊贵的人才能事奉尊贵的神，卑贱的人只能事奉卑贱的神。

适宜做大事的就做大事，适宜做小事的就做小事。所以，拥有天下的天子祭祀七代祖先，拥有一个国家的诸侯祭祀五代祖先，能出五六辆兵车的大夫祭祀三代祖先，能出三辆兵车的士可以祭祀两代祖先，只能徒手参加步兵来获取食物的人不准建立祖庙。这是用来区别对国家功绩大小的，功绩大的人传布的恩德应该广远，功绩小的人传布的恩德应该狭小。

【原文】

大饗，尚玄尊，俎生魚，先大羹，貴食飲之本也。饗，尚玄尊而用酒醴，先黍稷而飯稻粱；祭，齊大羹而飽庶羞；貴本而親用也。貴本之謂文，親用之謂理，兩者合而成文，以歸大一，夫是之謂大隆。故尊之尚玄酒也，俎之尚生魚也，俎之先大羹也，一也。利爵之不醮也，成事之俎不嘗也，三臭之不食也，一也。大昏之未發齊也，大廟之未入尸也，始卒之未小斂也，一也。大路之素未集也，郊之麻絻也，喪服之先散麻也，一也。三年之喪，哭之不文也；《清廟》之歌，一倡而三歎也；縣一鍾，尚拊之膈；朱絃而通越也；一也。

【译文】

在太庙合祭历代祖先时，以盛着清水的酒器以及俎里盛着的生鱼为上等祭品；首先献上不加调味品的肉汁，这是为了尊重饮食的本源。四季祭祀远祖时，酒器里盛着清水为上等祭品，酌献甜酒；首先献上黍、稷，再陈供稻粱；每月祭祀近祖时，先进献未加调味品的肉汁，再盛陈各种美味的食物；这些都是为了尊重饮食的本源而又接近实际的食用。敬重本源叫做形式上的修饰，接近实际叫做内容上的合理；两者结合就形成礼仪制度，然而又使它趋向于远古质朴的统一性，这可以称之谓礼所表示的最大崇敬之意。所以酒杯中以清水替代酒为上等祭品，俎中以生鱼为上等祭品，豆中先盛不加调味品的肉汁，这三种做法与远古的质朴是一致的。代替死者受祭的人不把佐食的人所献的酒喝光，祭礼完毕时俎中的祭品留下不吃，劝受祭者饮食的三次劝食不食，这三种做法与远古的质朴是一致的。天子婚礼中还没有喝交杯酒时，祭太庙而代表死者受祭的人尚未进庙时，人刚死还没有换上寿衣时，这都是质朴而未加文饰的时候，和远古的质朴一致。天子祭天的大车用未染色的丝绸做车帘，郊外祭天时头戴麻布制的礼帽，居丧时先散乱地系上麻带，这也是为了和远古的质朴相一致。三年期的服丧，痛哭时放声直号而不带声调；《清庙》的颂歌，一人领唱而三个人随声咏叹；乐器只挂一口钟，崇尚使用拊搏与鞷；把琴弦染成红色而打通瑟底的孔；这三种做法也是为了和远古的质朴相一致。

【原文】

凡禮，始乎棁，成乎文，終乎悅校。故至備，情文俱盡；其次，情文代勝；其下，復情以歸大一也。天地以合，日月以明，四時以序，星辰以行，江河以流，萬物以昌，好惡以節，喜怒以當，以爲下則順，以爲上

則明；萬物變而不亂，貳之則喪也。禮豈不至矣哉？立隆以爲極，而天下莫之能損益也。本末相順，終始相應；至文以有別，至察以有説。天下從之者治，不從者亂；從之者安，不從者危；從之者存，不從者亡。小人不能測也。

【译文】

大凡礼，总是从粗糙开始，到有了礼节仪式就完成了，最后还要使人称心如意。所以最完备的礼，所要表达的感情和礼仪都发挥得淋漓尽致；次一等的，是所要表达的感情和礼仪互有参差；最下等的，只是让感情回到原始状态，从而趋向于远古的质朴。但无论如何，天地因为礼的作用而风调雨顺，日月因为礼的作用而光辉明亮；四季因为礼的作用而井然有序，星辰因为礼的作用而正常运行；江河因为礼的作用而奔流入海，万物因为礼的作用而繁荣昌盛；爱憎因为礼的作用而有所节制，喜怒因为礼的作用而恰如其分；用礼来治理臣民就可使臣民服从依顺，用礼来整饬君主就可使君主通达英明；万事万物千变万化而不混乱，如果背离了礼就会丧失一切。礼难道不是登峰造极了吗？圣人确立了隆盛的礼制而把它作为最高的准则，因而天下没有谁再能增减改变它。这种礼制的根本原则和具体细节之间互不抵触，仪式在开始的时候和结束的时候互相应合；极其完美而有明确的等级区别，极其明察而有详尽的理论说明。天下遵循礼的国家治理得好，不遵循礼的国家就混乱；遵循礼的国家安定，不遵循礼的国家危

险；遵循礼的国家存在，不遵循礼的国家灭亡。礼的作用小人是估量不到的。

【原文】

禮之理誠深矣，「堅白」「同異」之察入焉而溺；其理誠大矣，擅作典制、辟陋之説入焉而喪；其理誠高矣，暴慢、恣睢、輕俗以爲高之屬入焉而隊。故繩墨誠陳矣，則不可欺以曲直；衡誠縣矣，則不可欺以輕重；規矩誠設矣，則不可欺以方圓；君子審於禮，則不可欺以詐僞。故繩者，直之至；衡者，平之至；規矩者，方圓之至；禮者，人道之極也。然而不法禮，不足禮，謂之無方之民；法禮足禮，謂之有方之士。禮之中焉能思索，謂之能慮；禮之中焉能勿易，謂之能固。能慮能固，加好者焉，斯聖人矣。故天者，高之極也；地者，下之極也；無窮者，廣之極也；聖人者，道之極也。故學者固學爲聖人也，非特學爲無方之民也。

【译文】

礼的道理真深啊，那些「坚白」、「同异」等所谓明察的辨析一进入礼中就被淹没了；礼的道理真大啊，那些擅自编造典章制度、邪僻浅陋的学说一进入礼就没命了；礼的道理真高啊，那些把粗暴、傲慢、恣肆、放荡，以轻视习俗为高尚的人一进入礼就垮台了。所以木工的墨线确实拉出来了，你不可能再在曲直的问题上来搞欺骗；秤真的是挂起来了，你不可能再在轻重的

问题上来搞欺骗；圆规角尺真的已经摆上了，你不可能再在方圆的问题上来搞欺骗；君子对礼了解得明白清楚，就不可能再用诡诈虚假欺骗他。所以，墨线这种东西，是直的极点；秤这种东西，是平的极点；圆规角尺，是方与圆的标准；礼义是社会道德规范的标准。既然这样，不遵循礼，不充分地掌握礼，就叫做无原则的平民；遵循礼，充分地掌握礼，就叫做有原则的贤士。在遵循礼掌握礼的过程中能够思考探索，叫做善于思考；在遵循礼掌握礼的过程中能不变，叫做坚定不移。善于思考，坚定不移，如果再爱不释手地追求，那就是圣人了。所以，天是高的极点；地是低的底限；无边无际，是空间的极限；而圣人是道德的标准。所以学习的人，本来就该学着做个圣人，并不是只学做个没有原则的人。

【原文】

禮者，以財物爲用，以貴賤爲文，以多少爲異，以隆殺爲要。文理繁，情用省，是禮之隆也；文理省，情用繁，是禮之殺也；文理、情用相爲内外表裏，竝行而襍，是禮之中流也。故君子上致其隆，下盡其殺，而中處其中。步驟、馳騁、厲鶩不外是矣，是君子之壇宇、宫廷也。人有是，士君子也；外是，民也；於是其中焉，方皇周挾，曲得其次序，是聖人也。故厚者，禮之積也；大者，禮之廣也；高者，禮之隆也；明者，禮之盡也。《詩》曰：「禮儀卒度，笑語卒獲。」此之謂也。

【译文】

礼以钱财物品为工具，以尊贵卑贱之别为制度，以享受多少为尊卑贵贱之别，以隆重、简省为要领。礼节仪式繁多，但要表达的感情、要起的作用却简约，这是隆重的礼。礼节仪式简约，但要表达的感情、要起到的作用却繁多，这是简省之礼。礼节仪式和它要表达的感情、要起的作用之间相互构成内外表里，两者并驾齐驱，交错配合，这是适中的礼。所以懂礼的君子，对隆重的礼仪就极尽隆重，对简约的礼仪就极尽简约，对适中的礼仪也就作适中的处置。不管是慢走快跑，驱马驰骋，剧烈奔跑，都不会越出规矩，君子把礼作为他神圣而伟大的追求目标。人如果努力追求礼，就是士君子；如果背离了礼，就是普通人；如果真能在祭坛、宫廷上中规中矩，来回周旋，处处符合，秩序井然，那他就是圣人了。所以，圣人的伟大与神圣感，是在祭礼中积累起来的；圣人的博大与宽厚，是靠了礼的深刻和广大；圣人的崇高，表现着礼的崇高；圣人的明察，表现了礼的透彻。《诗经》上说：「礼仪全都中规中矩，言谈举止都合时宜。」说的就是这个事儿。

【原文】

禮者，謹於治生死者也。生，人之始也；死，人之終也。終始俱善，人道畢矣。故君子敬始而愼終。終始如一，是君子之道，禮義之文也。夫厚其生而薄其死，是敬其有知而慢其無知也，是姦人之道而倍叛之心也。

君子以倍叛之心接臧穀，猶且羞之，而況以事其所隆親乎！故死之爲道也，一而不可得再復也，臣之所以致重其君，子之所以致重其親，於是盡矣。故事生不忠厚、不敬文謂之野，送死不忠厚、不敬文謂之瘠。君子賤野而羞瘠。故天子棺槨十重，諸侯五重，大夫三重，士再重，然後皆有衣衾多少厚薄之數，皆有翣蔞文章之等以敬飾之；使生死終始若一，一足以爲人願，是先王之道、忠臣孝子之極也。天子之喪動四海，屬諸侯。諸侯之喪動通國，屬大夫。大夫之喪動一國，屬修士。修士之喪動一鄉，屬朋友。庶人之喪合族黨，動州里。刑餘罪人之喪不得合族黨，獨屬妻子，棺槨三寸，衣衾三領，不得飾棺，不得晝行，以昏殣，凡緣而往埋之，反無哭泣之節，無衰麻之服，無親疏月數之等，各反其平，各復其始，已葬埋，若無喪者而止，夫是之謂至辱。

【译文】

礼，对于生死大事是相当慎重的。生，是人生的开始；死，是人生的终结。终结和开始都得到礼遇，人这一生也就算是完成了。所以，君子所讲究的，就是恭敬地对待人生的开端而慎重地对待人生的终结。生的时候和死的时候得到了同样的礼遇，这既是君子的道理，又是礼义的具体规定。只是注重人活着的时候而看轻人的死亡，这是敬重活人的有知觉而怠慢死人的无知觉；这是恶人的原则，是背叛的心肠。君子用背叛的心肠对待奴仆、儿童，尚且感到羞愧，更何况用这种心肠来事奉自己所尊重的君主和亲爱的父母呢！死亡对于每人来说，只有一次，死而不可复生；所以臣子要表达对君主的敬重，子女要表达对父母的爱戴，处理了丧事也就到头了。侍奉生者不忠诚笃厚，不恭敬有礼，我们称之谓粗野；葬送死者不忠诚笃厚，不恭敬有礼，就叫没良心。君子鄙视粗野而把没良心视之为羞耻。所以天子的棺材有七层，诸侯有五层，大夫有三层，士有两层；然后他们在衣服被子方面也有多有少，表示着或厚或薄的数目规定；不同的人有棺材遮蔽物及其花纹图案的等级差别，这是用这些装饰来表示对死者的恭敬之意；使每个人在生前与死后，使人在出生的时候和死亡的时候都享受同样的待遇，这都是为了一酬人们对生命的愿望。这既是先王的优良传统，也是忠臣孝子的最高原则。天子的丧事震动全天下，诸侯都要来送葬。诸侯的丧事牵动有友好交往的国家，都派大夫来送葬。大夫的丧事惊动他的国家，别的封邑要派上士来送葬。上士的丧事惊动他的乡里，生前好友都要来送葬。平民百姓的丧事，集合同族亲属来送葬，牵动四邻八乡。受过刑罚的罪犯死了，不准聚集同族和乡党，只能由他的妻子儿女来送葬；他的棺材仅限三寸之厚，衣服被子只能有三套，棺材不准文饰；白天不能出丧，只能在黄昏埋葬；而且妻子儿女只能穿着平常的衣服去埋掉他，回来以后也不能有哭泣的礼节；不准披麻戴孝穿丧服，也没有因为亲疏关系而形成的服丧日期的等级差别，所有人都一如既往地生活，不得哀悼；已经埋掉之后，人们就像没发生什么事情一样，

一切都到此为止，这被认为是人一生最大的耻辱。

【原文】

禮者，謹於吉凶不相厭者也。紸纊聽息之時，則夫忠臣孝子亦知其閔已，然而殯斂之具未有求也。垂涕恐懼，然而幸生之心未已，持生之事未輟也。卒矣，然後作具之。故雖備家，必踰日然後能殯，三日而成服。然後告遠者出矣，備物者作矣。故殯，久不過七十日，速不損五十日。是何也？曰：遠者可以至矣，百求可以得矣，百事可以成矣，其忠至矣，其節大矣，其文備矣。然後月朝卜日，月夕卜宅，然後葬也。當是時也，其義止，誰得行之？其義行，誰得止之？故三月之葬，其貌以生設飾死者也，殆非直留死者以安生也，是致隆思慕之義也。

【译文】

礼义的目的是慎重地把吉利的事与凶险的事分开来使之互不侵犯。把新棉絮放在临终者鼻前并倾听他的气息时，即使那些忠臣孝子们也明白命在旦夕了，但是停柩入殓的用具却还是不去考虑。他们流着眼泪心怀惊恐，却仍然希望他能侥幸活下去，迟迟不愿放弃，因为维护他生命的事还没有做完。一直到人死了，才开始准备治丧的物品。所以，即使家里办理丧事的用品都已齐备，也必须过去一天之后才能开始举办丧事，第三天才穿上丧服。然后，去远方报丧的人出发，准备治丧物品的人才开始操办。停放灵柩的时间，长的不超过七十天，快也不少于五十天。这是为什么呢？因为这样才能让远方奔丧的亲友赶到，办理丧事所需的各种东西才能到齐，治丧时各种事情也都可以不耽误了。人们对死者的诚意表达了，礼节上也按部就班了，悼念性的话也都说了，然后才在月初占卜埋葬的日期，月末占卜阴宅的地点去埋葬。在这样的时候，道义上禁止的事，谁能去做？道义上该做的事，谁能禁止？所以，持续三个月的葬礼是以死者生前的生活状况来安排死者，这样做恐怕不只是留恋死者，也是为了安慰生者，并用隆重的仪式来表达生者对死者的尊重怀念之情。

【原文】

喪禮之凡：變而飾，動而遠，久而平。故死之爲道也，不飾則惡，惡則不哀；尒則翫，翫則厭，厭則忘，忘則不敬。一朝而喪其嚴親，而所以送葬之者不哀不敬，則嫌於禽獸矣。君子恥之。故變而飾，所以滅惡也；動而遠，所以遂敬也；久而平，所以優生也。

【译文】

丧礼的大致情况是：人死后要举行各种仪式，举行丧礼仪式是要使死者逐步远去，时间长了人们的生活就得到了正常的恢复。人死之后的丧礼有一定的礼义：如果不对死者进行理容装饰，人们就不敢再看一眼，不看一眼就不再哀痛；时间短了就会漫不经心，漫不经心就会厌

弃，厌弃就会怠慢，怠慢了就不恭敬。自己尊敬的君主、父母有朝一日突然死了，但为他们送葬的时候却是既不哀痛也不恭敬，那就让人嫌恶得近于禽兽了。君子以此为耻辱。所以才在人死之后进行装饰，是用来消除丑恶难看和亲人的嫌恶之情的；举行丧礼的仪式要用很长时间，这是为了让死者渐渐地远离亲人而去，之所以这样，是为了维持对亲人的恭敬之情；时间长了就恢复到平常的生活状态，这也是为了善待生者。

【原文】

禮者斷長續短，損有餘，益不足，達愛敬之文，而滋成行義之美者也。故文飾、麤惡，聲樂、哭泣，恬愉、憂戚，是反也，然而禮兼而用之，時舉而代御。故文飾、聲樂、恬愉，所以持平奉吉也；麤衰、哭泣、憂戚，所以持險奉凶也。故其立文飾也，不至於窕冶；其立麤衰也，不至於瘠棄；其立聲樂恬愉也，不至於流淫惰慢；其立哭泣哀戚也，不至於隘懾傷生。是禮之中流也。

【译文】

礼是为了截长补短，减损有余、增加不足，使爱怜恭敬的仪式能完全实施，从而养成美好的德行道义的。所以仪文修饰和粗略简陋，音乐和哭泣，安适愉快和忧愁悲伤，都是相反的；但是丧礼对它们却一并加以应用，在不同的时间交替使用。仪文修饰、音乐、安适愉快的仪式，是

用来奉持平安和吉祥的；粗略简陋、哭泣、忧愁悲伤，是用来奉持凶恶和不幸的。所以礼在确定仪文修饰的规范时，不会弄到妖艳的地步；在规定粗略简陋的仪节时，不至于让人厌烦消瘦；设立音乐怡人心智，也不会让人放荡懈怠；它让人哭泣、哀痛，却不会弄得人过度悲戚，伤害身体。这就是礼的中庸之道。

【原文】

故情貌之變足以别吉凶，明貴賤親疏之節，期止矣；外是，姦也；雖難，君子賤之。故量食而食之，量要而帶之。相高以毁瘠，是姦人之道也，非禮義之文也，非孝子之情也，將以有爲者也。故説豫娩澤，憂戚萃惡，是吉凶憂愉之情發於顔色者也。歌謡謸笑，哭泣諦號，是吉凶憂愉之情發於聲音者也。芻豢、稻粱、酒醴、餰鬻，魚肉、菽藿、酒漿，是吉凶憂愉之情發於食飲者也。卑絻、黼黻、文織，資麤、衰絰、菲繐、菅屨，是吉凶憂愉之情發於衣服者也。疏房、檖貌、越席、牀笫、几筵，屬茨、倚廬、席薪、枕塊，是吉凶憂愉之情發於居處者也。兩情者，人生固有端焉。若夫斷之繼之，博之淺之，益之損之，類之盡之，盛之美之，使本末終始莫不順比，足以爲萬世則，則是禮也，非順孰修爲之君子，莫之能知也。

【译文】

所以神情容貌的变化，能够用来区别吉利与不幸，表明贵贱亲疏之间的等级，也就够了；超出了这个限度，就是奸邪；即使是难度很高的事君子也瞧不上。人们根据食量吃东西，根据腰身扎带子。丧礼时故作哀伤，毁坏自身而消瘦不堪，并以此来向别人标榜自己的高尚，这是奸邪的行径；既不是礼义的规定，也不是孝子的真情，而是要用它来有所作为，想得到点什么。高兴欢乐时和颜悦色，容光焕发，忧愁悲伤时面色憔悴，愁眉苦脸，这是碰到吉利与不幸时忧愁和愉快的心情在脸色上的表现。歌唱嬉笑，哭泣啼号，这是碰到吉利与不幸时忧愁和愉快的心情在声音上的表现。牛羊猪狗等肉食，稻米谷子等细粮，甜酒，稀饭、鱼肉，豆汁、汤水，这是碰到吉利与不幸时忧愁愉快的心情在饮食上的表现。礼服礼帽、礼服上的花纹、有彩色花纹的丝织品，丧服粗布衣、麻条麻带、薄麻衣、用茅草编成的鞋，这是碰到吉利与不幸时忧愁愉快的心情在衣服上的表现。窗户通明的房间、深邃的朝堂、柔软的蒲席、床上的竹铺、短桌与竹席，编结茅草而成的屋顶、靠在墙边上的简陋房屋，把柴草当成垫席、把土块当成枕头，这是碰到吉利与不幸时忧愁愉快的心情在居住上的表现。人的心情的这种两分，来源于人的本性，使这两种心情时断时续，表现得丰富或呆板，增强或减损，既合乎法度又能充分地表达，既旺盛又美好，这既是根本原则又是具体细节，它从生到死，伴随着人的一生，如果出生和死亡的礼义仪节能够相当和顺，就可以垂范千秋万代，作为永恒不变的法则，这也就是礼啦。如果不是对礼相当崇敬、精通、习修、实行的君子，不可能懂得这些道理。

【原文】

故曰：性者，本始材樸也；僞者，文理隆盛也。無性則僞之無所加，無僞則性不能自美。性僞合，然後聖人之名一，天下之功於是就也。故曰：天地合而萬物生，陰陽接而變化起，性僞合而天下治。天能生物，不能辨物也；地能載人，不能治人也；宇中萬物、生人之屬，待聖人然後分也。《詩》曰：「懷柔百神，及河喬嶽。」此之謂也。

【译文】

所以说：先天的本性，就像是原始的未加工过的木材；后天的人文教化，则表现在礼节仪式的隆重盛大。没有本性，那么人文教化就没有地方施加；没有人文教化，那么本性也不能自行完美。本性和教化相结合，然后在圣人的名教中统一起来，天下的功业也因此而完成。所以说：上天大地相配合，万物就产生；阴气阳气相接触，变化就出现；人的本性和圣人的教化相结合，天下就能治理好。上天能产生万物，但他不治理万物；大地能负载人民，但它不治理人民；宇宙间的各种东西和各类人，都要依靠圣人才能各得其分。《诗经》上说：「招抚顺从众神，来到黄河泰山。」说的就是这意思。

【原文】

喪禮者，以生者飾死者也，大象其生以送其死也。故如死如生，如亡如存，終始一也。始卒，沐浴、鬠體、飯唅，象生執也。不沐則濡櫛三律而止，不浴則濡巾三式而止。充耳而設瑱，飯以生稻，唅以槁骨，反生術矣。設褻衣，襲三稱，縉紳而無鉤帶矣。設掩面儇目，鬠而不冠笄矣。書其名，置於其重，則名不見而柩獨明矣。薦器則冠有鍪而毋縱，甕、廡虛而不實，有簟席而無牀第，木器不成斲，陶器不成物，薄器不成内，笙竽具而不和，琴瑟張而不均，輿藏而馬反，告不用也。具生器以適墓，象徙道也。略而不盡，貌而不功，趨輿而藏之，金革轡靷而不入，明不用也。象徙道，又明不用也，是皆所以重哀也。故生器文而不功，明器貌而不用。

凡禮，事生，飾歡也；送死，飾哀也；祭祀，飾敬也；師旅，飾威也：是百王之所同、古今之所一也，未有知其所由來者也。故壙壠，其貌象室屋也；棺椁，其貌象版、蓋、斯、象、拂也；無、帾、絲、歶、縷、翣，其貌以象菲帷幬尉也；抗折，其貌以象槾茨番閼也。

故喪禮者，無它焉，明死生之義，送以哀敬而終周藏也。故葬埋，敬藏其形也；祭祀，敬事其神也；其銘、誄、繫、世，敬傳其名也。事生，飾始也；送死，飾終也。終始具而孝子之事畢、聖人之道備矣。

【译文】

丧葬的礼仪，就是按活人的生活方式来装饰死人，模拟他的生前来为他送终。所以侍奉死者如同侍奉生者，侍奉亡灵就像侍奉活人，生命的终结和生命的开始一样，人们要同样慎重。刚死的时候，给他洗头、束头发剪指甲、把含物放入口中，这是模拟他生前的生活。如果不洗头，用湿梳子梳理三下就行；如果不洗澡，用湿毛巾擦三遍就行。塞耳朵使用充耳，把生米喂入口中，把贝壳塞在嘴里，这就和生活时相反。给死者穿好内衣，再穿上三套外衣，朝板插在腰带上但不放腰带钩。脸上遮盖白绢眼睛遮上黑巾，束起头发而不戴帽子不插簪子；把死者的名字写在明旌上，然后盖在死者的临时神主牌上，于是他的名字看不见，只有灵柩十分明显。送给死者的随葬器物，戴有头盔似的帽子而不给头发包丝巾，瓮、甏空着不放东西，有竹席而没有床上的竹铺，木器不加工，陶器有个样儿，竹子芦苇所做器物也是中看不中用，笙、竽具备而不调和，琴、瑟上弦而不调音，装运棺材的车子随葬，拉车的马却牵回去，这些都表示随葬的东西是不用的。东西像是在搬家，却又显示不能用，这都是为了寄托人们的哀思之情。陪葬品都放进坟墓中，像是搬家一样。但这些生活用品都是简略而不完备，只具外貌而不能实际使用。

丧礼模拟死者生前的生活，是为了活着的人得宽慰；把这些东西送给死者，是为了寄托对死者的哀悼之情；祭祀是为了表达敬意，仪仗是为了显示威风，这是百代圣王都用的办法，古

今没有大差别，没有人能完全明白它的来历。墓穴坟冢的形状像房屋，内棺外椁的形状像车旁板、车顶盖、前皮后革构成的车厢。被子和各种遮蔽品、遮蔽物，它们的形状模仿门帘和各种帷帐，承负坟冢、覆盖墓穴的葬具叫抗折，它的形状模仿墙壁、屋顶、篱笆和门户。

所以，丧葬的礼仪，并没有其他的含义，无非是觉得死者应该像生者一样，以悲哀恭敬的心情尽可能周到地最终把他掩埋好。所以，埋藏就是恭敬地掩藏死者的躯体；祭祀就是恭敬地侍奉死者的灵魂；那些铭文、诔辞、传记、家谱，是为了恭敬地传颂死者的名声。人们出生时的礼仪，是为了生命有一个文明的开端；葬送死者的礼仪，是为了生命有一个文明的结局。生命开端和结局的礼仪都具备，一个人就完成了他上对祖宗下对子孙的人生使命，圣人的道理大概也就是这些了。

【原文】

刻死而附生謂之墨，刻生而附死謂之惑，殺生而送死謂之賊。大象其生以送其死，使死生終始莫不稱宜而好善，是禮義之法式也，儒者是矣。

【译文】

薄待死者来增加生者的用度叫刻薄，削减活人的用度以厚加陪葬叫迷惑，杀掉活人来殉葬叫残害。粗略地模拟死者生前的生活来为他送终，让死者和在世的人感到人生终结和人生开始时都有一定的仪式并无不得体而显现善意，这就是礼义的法度和标准，儒者就是这样做的。

【原文】

三年之喪何也？

曰：稱情而立文，因以飾羣別、親、疎、貴賤之節而不可益損也，故曰：無適不易之術也。創巨者其日久，痛甚者其愈遲，三年之喪，稱情而立文，所以爲至痛極也。齊衰、苴杖、居廬、食粥、席薪、枕塊，所以爲至痛飾也。三年之喪，二十五月而畢，哀痛未盡，思慕未忘，然而禮以是斷之者，豈不以送死有已、復生有節也哉？凡生乎天地之閒者，有血氣之屬必有知，有知之屬莫不愛其類。今夫大鳥獸則失亡其羣匹，越月踰時則必反鉛；過故鄉，則必徘徊焉，鳴號焉，躑躅焉，踟躕焉，然後能去之也。小者是燕爵，猶有啁噍之頃焉，然後能去之。故有血氣之屬莫知於人，故人之於其親也，至死無窮。將由夫愚陋淫邪之人與？則彼朝死而夕忘之；然而縱之，則是曾鳥獸之不若也，彼安能相與羣居而無亂乎？將由夫修飾之君子與？則三年之喪，二十五月而畢，若駟之過隙，然而遂之，則是無窮也。故先王聖人安爲之立中制節，一使足以成文理，則舍之矣。

【译文】

守丧三年，是为了什么呢？

可以这样说：这是根据人的感情来确立的礼仪制度，借以区别亲疏、贵贱之间的不同礼节，不能随便增减。所以说：这是不管到哪里都不可改变的规定。创伤大的，愈合时间长；疼痛厉害，痊愈就慢。守丧三年，是根据人的感情来确立的礼仪制度，这是为了使受到极大创伤因而极其悲痛的感情所确立的期限规定。穿着丧服，拄着孝棍，住在坟前茅棚中，喝稀粥，睡草铺，头枕土块当枕头，是用来表达极其悲痛的心情的。三年的守丧，二十五个月就结束了，但哀痛之情并未了结，思念渴慕也不曾忘怀，然而礼制却在这个时间段划了个界限，这难道不是因为送别死者要有个终结，人为了恢复正常的生活而必须有个节制吗？凡是生长在天地之间的，有血气的动物一定有智能，而有智能的动物都爱同类。你看那些大的飞禽走兽，如果失去了它的同伴或配偶，过了一个月或超过了一定的时间，它一定会返回合群；经过原来住处，它一定会在那里徘徊周旋，啼鸣叽叫，驻足踏步，来回走动，然后才会离开。小的就连燕子麻雀之类，也还要在那里叽叽喳喳一会儿，然后才离开。有血气的属类没有比人更聪明的了，所以人对于自己的父母，是终生难忘的。我们能依从那些愚蠢浅陋放荡邪恶的人么？他们的父母亲早晨死，到晚上他们就忘了。如果我们放任他们这样做下去，那么人就连鸟兽也不如了，我们又怎么能互相在一起合群居住而不动荡不安呢？然而我们难道能依随讲究道德的君子么？服了三年的丧，二十五个月结束，他们又会觉得时间过得太快，像在墙缝里看飞奔而过的马车那样一闪而过；如果依随他们，他们怕是会无限期地服丧下去。所以先王圣人就给人们确立了一个适中的标准，制定了服丧三年的礼节，让人们一旦完成礼仪，然后就除去丧服正常生活。

【原文】

然則何以分之？

曰：至親以期斷。

是何也？

曰：天地則已易矣，四時則已徧矣，其在宇中者莫不更始矣，故先王案以此象之也。

然則三年何也？

曰：加隆焉，案使倍之，故再期也。

由九月以下，何也？

曰：案使不及也。故三年以爲隆，緦、小功以爲殺，期、九月以爲閒。上取象於天，下取象於地，中取則於人，人所以羣居和一之理盡矣。故三年之喪，人道之至文者也。夫是之謂至隆，是百王之所同，古今之所一也。

【译文】

既然如此，为什么还要把二十五个月的服丧期打个对折呢？

可以这样说：对于最亲近的父母本来就是一周年就要终止服丧。

这是为什么呢？回答说：因为一年后，天地都已经变了，四季也循环了一遍，天地间的动植物无不重新开始生长，所以古圣王就用周年来象征性地表达丧礼。

既然如此，为什么还要服三年的丧呢？

可以这样说：那是为了使丧礼更加隆重，于是就在一年的基础上加倍，所以就要过两周年。

九个月以下的丧期是什么道理呢？

我们说：九个月就是为了让它不到一年。服丧三年最为隆重，三个月的缌麻，五个月的小功是简约的礼，一周年和九个月是中等的。丧礼的制定，对上取法天，对下取法地，中间取法人，人们合群居住而能和睦相处的道理到此也就全部体现出来了。所以服三年的丧，是作为儿孙辈们的最高礼仪。人们称它是最隆重的。这是各代帝王都相同，古往今来也一致的。

【原文】

君子喪所以取三年，何也？

曰：君者，治辨之主也，文理之原也，情貌之盡也，相率而致隆之，不亦可乎？《詩》曰：「愷悌君子，民之父母。」彼君子者，固有爲民父母之説焉。父能生之，不能養之；母能食之，不能教誨之；君者，已能食之矣，又善教誨之者也，三年畢矣哉？乳母，飲食之者也，而三月；慈母，衣被之者也，而九月；君，曲備之者也，三年畢乎哉？得之則治，失之則亂，文之至也；得之則安，失之則危，情之至也。兩至者俱積焉，以三年事之猶未足也，直無由進之耳。故社，祭社也；稷，祭稷也；郊者，并百王於上天而祭祀之也。

【译文】

君主的丧礼为什么要定三年呢？

是这样的：因为君主是社会的主宰，礼仪制度就来自他，所以要把忠情和敬貌表达得淋漓尽致，人们相互攀比也就达到了隆盛的极点，这不也行吗？《诗经》上说：「和乐平易好君主，人民尊他为父母。」那些君主，本来就有为民父母的说法。父亲生下儿女不喂养；母亲喂养儿女不教诲；君主既能养，又善教，为君主服三年丧就算完了吗？奶妈，是喂养自己的人，因而为她服丧三个月；抚育自己的庶母，要为自己料理衣着被服，所以要为她服丧九个月；君主是各方面都能照顾到的人，为他服三年的丧就算完了吗？能为君主服三年丧的国家就能治理好，不能服三年丧的国家就会混乱，这是各种礼仪制度中最重要的礼节。所以，为君能服三年丧的国家就安定；不能服三年丧的国家就危险。因为它是忠诚的最高表现。最重礼节和最高的情感都体现叠加在君主的丧礼上，所以，为君主的神灵服三年丧仍然显得不够，只是实在是无法再增加罢了！所以，社祭只祭土地神；稷祭只祭稻谷神；而郊祭时，我们就把各代帝王和天

帝并列在一起，一次次地不断祭祀。

【原文】

三月之殯何也？

曰：大之也，重之也。所致隆也，所致親也，將舉錯之，遷徙之，離宫室而歸丘陵也，先王恐其不文也，是以繇其期，足之日也。故天子七月，諸侯五月，大夫三月，皆使其須足以容事，事足以容成，成足以容文，文足以容備，曲容備物之謂道矣。

【译文】

为什么要停柩三个月呢？

这样说吧：这是要扩大规模，加重分量。对自己最为尊重的人，最为亲近的人，死后人们不仅要认真安放，还要隆重迁移，让他离开生前的宫室而埋葬到陵墓中去，古代的圣王怕这么多事情办得不合礼仪，所以要延长停柩日期，使办丧事的人有足够的时间。所以，天子要停柩七个月，诸侯要五个月，大夫要三个月，这都是为了把时间留足以便把各种事情办妥当，事情办妥了丧事就成功，丧事成功会使礼仪得以实施，礼仪实施就能保证随葬品的完备，事情办得好，葬礼具备得齐全的礼义都需要足够的时间。

【原文】

祭者，志意思慕之情也。愅詭、唈僾而不能無時至焉。故人之歡欣和合之時，則夫忠臣孝子亦愅詭而有所至矣。彼其所至者甚大動也，案屈然已，則其於志意之情者惆然不嗛，其於禮節者闕然不具。故先王案爲之立文，尊尊親親之義至矣。故曰：祭者，志意思慕之情也，忠信愛敬之至矣，禮節文貌之盛矣，苟非聖人，莫之能知也。聖人明知之，士君子安行之，官人以爲守，百姓以成俗。其在君子，以爲人道也；其在百姓，以爲鬼事也。故鐘鼓、管磬、琴瑟、竽笙，《韶》、《夏》、《護》、《武》、《汋》、《桓》、《簡》、《象》，是君子之所以爲愅詭其所喜樂之文也。齊衰、苴杖、居廬、食粥、席薪、枕塊，是君子之所以爲愅詭其所哀痛之文也。師旅有制，刑法有等，莫不稱罪，是君子之所以爲愅詭其所敦惡之文也。卜筮視日，齋戒修涂，几筵、饋、薦，告祝，如或饗之。物取而皆祭之，如或嘗之。毋利舉爵，主人有尊，如或觴之。賓出，主人拜送，反易服，即位而哭，如或去之。哀夫！敬夫！事死如事生，事亡如事存，狀乎無形影，然而成文。

【译文】

祭祀是为了表达心意和思慕之情。人们心情郁闷，不能没有机会来表达。在欢欣鼓舞和睦

相处之时，那些忠臣孝子也会因思念君主、双亲不得同享欢乐而感动，这种心情也要有所表达。人们在这种心情中感动不已，如果空空地没有祭祀的礼仪，那么他们的感动之情就会惘然若失而不能得到满足，这在礼节方面就是一种欠缺而不完备。所以，古代的圣王为他们制定了礼仪制度，这样，尊崇君主、亲爱父母的道德情感就能得以表达了。所以说：祭祀，是为了表达心意和思慕之情的。这是忠信敬爱的最高表现，是礼节仪式的极点，除非是圣人，一般人无法懂得这一点。圣人明白地理解祭祀的意义，有道德的士君子是心安理得地循礼而祭，官吏则把它作为自己的工作，百姓在其中养成自己的风俗习惯。君子把这些礼仪当成治理社会的道德规范；百姓则把它当成侍奉鬼神的事情。用钟、鼓、管、磬、琴、瑟、竽、笙等乐器，演奏《韶》、《夏》、《护》、《武》、《汋》、《桓》、《箾》、《象》等乐曲，这些是君子由喜悦而感动时用来表达感情的礼仪形式。穿丧服，拄孝棍，住茅棚，喝稀粥，睡草铺，枕土块，这是君子被哀痛之情所感动，从而用来表达哀痛之情的礼仪制度。军队有一定的制度，刑法分不同的轻重，所有的刑罚都让它与罪行相适应，这是君子被憎恶之情所感动，从而用来表达憎恶之情的礼法制度。占卜算卦、观察日期时辰是否吉祥，整洁身心，修饰祠庙，摆上祭桌，敬献牺牲和黍稷，受祭者的尸人吩咐男巫，好像真的有神来享用过祭品。事先备办的祭品，一一敬献上来，受祭的尸人一一受用，好像真的是神在品尝。不能让助祭的人向受祭者举杯敬酒，要主人亲自劝受祭者饮酒，受祭者喝了酒，好像真的有神拿酒杯喝了酒一样。祭祀结束后宾客退出，主人要拜送，返回之后要换掉祭服，穿上丧服，坐到他的位子上痛哭，好像真的有神离开了似的。丧礼的祭祀是如此的悲哀！如此的恭敬！侍奉死者就像侍奉生者，侍奉已亡之人如同侍奉活着的人，看上去虽无影无踪，但它确实是人类社会的礼仪制度。

樂論篇第二十

【原文】

夫樂者，樂也，人情之所必不免也。故人不能無樂，樂則必發於聲音，形於動靜，而人之道，聲音、動靜、性術之變盡是矣。故人不能不樂，樂則不能無形，形而不爲道，則不能無亂。先王惡其亂也，故制《雅》、《頌》之聲以道之，使其聲足以樂而不流，使其文足以辨而不諰，使其曲直、繁省、廉肉、節奏足以感動人之善心，使夫邪汙之氣無由得接焉。是先王立樂之方也。而墨子非之，奈何？

【译文】

音乐，就是欢乐的意思，它在人的情感需要中绝对不能缺少。人的情感不可能没有欢乐，一欢乐就一定会发出歌唱吟咏的声音，并在手舞足蹈的举止中体现出来。人的所作所为，包括声音、举止、性情及其他在表现方式上的变化，全都可以通过音乐来达到体现。所以，人不可能没有快乐，有了快乐就不可能不表现出来，但快乐情感的表现如果不进行引导，就不可能不导致混

乱。古圣王憎恶混乱，所以就创作《雅》、《颂》的音乐来引导人，以便使人既能表达快乐而又不淫荡，让歌词足以用来阐明真理而不流于花言巧语，使音律的宛转或舒扬，繁复或简单，清脆利落或圆润丰满，节制停顿或推进加快，都足以用来感动人的善心，让那些邪恶肮脏的风气无法侵淫民众的生活。这就是古圣王创设音乐的原则。但是墨子却反对音乐，可他又能怎么样呢？

【原文】

故樂在宗廟之中，君臣上下同聽之，則莫不和敬；閨門之內，父子兄弟同聽之，則莫不和親；鄉里族長之中，長少同聽之，則莫不和順。故樂者，審一以定和者也，比物以飾節者也，合奏以成文者也；足以率一道，足以治萬變。是先王立樂之術也。而墨子非之，奈何？

【译文】

所以，如果在祖庙之中奏乐，君臣上下一起听，就不会有人不和谐恭敬；如果在家中欣赏音乐，父子兄弟一起听，就不会有人不和睦相亲；如果在乡村里弄演奏乐曲，年长的和年少的一起听，就不会有人不和谐顺从。音乐是要先确定一个调式的，在这种调式中有一个主音，别的音都是由这个主音来确定，然后才能奏出和声；乐器中有一些是为了击打并控制节奏的；这种乐器在演奏中能使各种乐器协和一致，有了它就可以整顿音乐在流变中所发出的各种不协调，这是古圣王创造音乐时发现的一种技术。可是墨子却反对音乐，可他又能怎么样呢？

【原文】

故聽其《雅》、《頌》之聲，而志意得廣焉；執其干戚，習其俯仰屈伸，而容貌得莊焉；行其綴兆，要其節奏，而行列得正焉，進退得齊焉。故樂者，出所以征誅也，入所以揖讓也。征誅揖讓，其義一也。出所以征誅，則莫不聽從；入所以揖讓，則莫不從服。故樂者，天下之大齊也，中和之紀也，人情之所必不免也。是先王立樂之術也，而墨子非之，奈何？

【译文】

所以，人们听《雅》、《颂》之音，就会志向远大心胸宽广；以盾牌、斧头等道具来舞蹈，来训练头部的俯仰和身体的屈伸，容貌就庄重；人一旦行动在舞蹈的行列中，和着舞曲的节奏，舞蹈的队列就会正而不乱，进退整齐一致。所以，音乐可以用来对外进行征伐，对内训练人们之间相互礼让。征伐和礼让，在音乐的意义上是一样的。如果用音乐来作为对外征伐的工具，就会训练人们如何听从命令；如果用音乐作为内部相互礼让的手段，就能让人们都信服。所以音乐是整顿天下的重要工具，是人们达到中正和平境界的基本纲领，也是人们的情感生活中绝对不能须臾或缺的东西。这就是古圣王创设音乐的用心所在。可是墨子却反对音乐，那又有什么用处呢？

【原文】

且樂者，先王之所以飾喜也；軍旅鈇鉞者，先王之所以飾怒也。先王喜怒皆得其齊焉。是故喜而天下和之，怒而暴亂畏之。先王之道，禮樂正其盛者也，而墨子非之。故曰：墨子之於道也，猶瞽之於白黑也，猶聾之於清濁也，猶欲之楚而北求之也。

【译文】

况且，音乐是古代的圣王用来表现喜悦的；军队的兵器和行刑的刑具，是古代的圣王用来表现愤怒的。古代圣王的喜悦和愤怒，都能通过演奏音乐和武装训练的舞蹈表达得恰如其分。所以，如果圣王的情绪调整得和顺，天下就能因圣王的喜乐而和平；圣王一旦愤怒，犯上作乱的人就会害怕他。古圣王的统治原则，最为重要的就是礼制和音乐，但墨子却反对音乐。所以说：墨子对统治天下的认识水平，真好像是瞎子不能分黑白，聋子不会辨声音，这就好像有人想到楚国却到北方去寻找一样。

【原文】

夫聲樂之入人也深，其化人也速，故先王謹爲之文。樂中平則民和而不流，樂肅莊則民齊而不亂。民和齊則兵勁城固，敵國不敢嬰也。如是，則百姓莫不安其處，樂其鄉，以至足其上矣。然後名聲於是白，光輝於是大，四海之民莫不願得以爲師。是王者之始也。樂姚冶以險，則民流僈鄙賤矣。流僈則亂，鄙賤則爭。亂爭則兵弱城犯，敵國危之。如是，則百姓不安其處，不樂其鄉，不足其上矣。故禮樂廢而邪音起者，危削侮辱之本也。故先王貴禮樂而賤邪音。其在序官也，曰：「修憲命，審誅賞，禁淫聲，以時順修，使夷俗邪音不敢亂雅，太師之事也。」

【译文】

音乐对人的性情陶冶是深刻的，感化人心是很快的，所以古代的圣王谨慎地把它作为一种文化形态。音乐如果中正平和，民众就和睦相处而不淫荡；音乐如果严肃庄重，民众就同心同德而不混乱。民众和睦相处，同心同德，就会军队战斗力强而城防牢固，敌国不敢轻易前来侵犯。这样的结果，老百姓就都能过上安定的生活，喜欢自己的家乡，这也会带来满足君主需要的一切方便。然后，君主的声望也就会增光添彩，光耀天下，四海之内的所有民众都想接受他的教诲，这是王业的开端。如果音乐妖艳轻浮而邪恶，民众就会淫荡轻慢鄙俗下贱。民众淫荡轻慢，社会秩序就会混乱；卑鄙下贱，人们之间就会争夺。混乱而又争夺，就会因部队战斗力下降，导致城池被侵，敌国乘机前来威胁。这样的结果，老百姓就不会安于自己的住处，也不会热爱自己的家乡，君主的需要也就不会得到满足了。所以，礼制雅乐被废弃而靡靡之音兴起来，这是国家危险削弱，遭受侮辱的根源。所以古圣王看重礼制雅乐而鄙视靡靡之音。他在论列官职时，

说：「遵循法令，审慎赏罚，禁止淫荡的音乐，根据时势去整治，使蛮夷的风俗和邪恶的音乐不敢扰乱正声雅乐，这是太师的职责。」

【原文】

墨子曰：「樂者，聖王之所非也，而儒者爲之，過也。」

君子以爲不然。

樂者，聖人之所樂也，而可以善民心，其感人深，其移風易俗，故先王導之以禮樂而民和睦。

【译文】

墨子说：「音乐，是圣明的帝王所反对的，而儒者却讲究音乐，这是错误的。」

君子认为，墨子的说法不对。

音乐是圣人所喜欢的，而且音乐可以改善民众的道德观念，音乐能够深入人心，音乐能够移风易俗。所以，古圣王就用礼制和音乐来引导民众，民众也因此而和睦相处。

【原文】

夫民有好惡之情而無喜怒之應則亂。先王惡其亂也，故修其行，正其樂，而天下順焉。故齊衰之服，哭泣之聲，使人之心悲；帶甲嬰軸，歌於行伍，使人之心傷；姚冶之容，鄭、衛之音，使人之心淫；紳端章甫，無《韶》歌《武》，使人之心莊。故君子耳不聽淫聲，目不視女色，口不出惡言。此三者，君子慎之。

凡姦聲感人而逆氣應之，逆氣成象而亂生焉。正聲感人而順氣應之，順氣成象而治生焉。唱和有應，善惡相象，故君子慎其所去就也。

君子以鐘鼓道志，以琴瑟樂心。動以干戚，飾以羽旄，從以磬管。故其清明象天，其廣大象地，其俯仰周旋有似於四時。故樂行而志清，禮修而行成，耳目聰明，血氣和平，移風易俗，天下皆寧，美善相樂。故曰：樂者，樂也。君子樂得其道，小人樂得其欲。以道制欲，則樂而不亂；以欲忘道，則惑而不樂。故樂者，所以道樂也。金石絲竹，所以道德也。樂行而民鄉方矣。故樂者，治人之盛者也，而墨子非之。

【译文】

民众有爱憎的感情而没有相应的表达喜悦和愤怒的方式，就会因情绪转移而导致社会混乱。古圣王讨厌这样的混乱，所以，用礼仪整饬民众的行为，用音乐端正民众的心态，天下因此而秩序井然。披麻戴孝的丧服，哭泣的声音，会使人的内心悲痛；身披铠甲，头戴盔缨，唱着嘹亮的军歌，会使人的内心悲壮；妖艳的容貌，郑、卫等国家的靡靡之音，会使人心趋于享乐；腰系宽大腰带，身穿礼服，头戴礼帽，随着《韶》《武》的乐曲载歌载舞，会使人的内心庄严肃穆。

所以，君子的耳朵不听靡靡之音，眼睛不凝视女人的美貌，嘴里不说出恶毒的话语。这三件事，君子是要慎重对待的。

大凡淫荡的音乐感动人心，就会造成社会上的歪风邪气；歪风邪气一旦成了气候，社会秩序就会动荡不安。健康正派的音乐感动人心，就会造成社会生活顺畅有序的局面，社会生活一旦顺畅有序，国家也就会呈现出井然有序的局面。有什么样的唱就有什么样的和，善良或邪恶的风气也是相向呼应的。所以君子对自己要抛弃什么和接受什么，都是非常慎重的。

君子用钟鼓类乐器引导人们的志欲，用琴瑟类乐器来娱悦人们的心情。拿着盾枪来跳舞，以野鸡毛和牦牛尾做装饰，以石磬箫管来伴奏。所以，音乐像晴朗的天空，心胸像广袤的大地，舞姿俯仰旋转，恰如四季在变化。所以，音乐流行，人们的志向就高洁，遵循礼制，人们的德行就美善。人们耳聪目明，感情温和平静，移风易俗，天下都安宁，美妙的音乐和善良的风气在礼乐文明中相得益彰。所以说，音乐就是为了社会生活的欢乐祥和。君子从音乐中感受美善的道义，小人从音乐中得到欲望的满足。用道义控制欲望，就能生活欢乐而不淫乱；为满足欲望而忘记道义，就会迷惑得快而不乐。所以，音乐是为了引导人们过上愉快祥和的生活。金钟石磬琴瑟管箫之类的乐器，是为了引导人们提高道德修养的。好的音乐流行，民众就会向往道义。所以，音乐是治理天下民众的重要工具，但墨子却反对它。

【原文】

且樂也者，和之不可變者也；禮也者，理之不可易者也。樂合同，禮別異。禮樂之統，管乎人心矣。窮本極變，樂之情也；著誠去僞，禮之經也。墨子非之，幾遇刑也。明王已没，莫之正也；愚者學之，危其身也。君子明樂，乃其德也；亂世惡善，不此聽也。於乎哀哉！不得成也。弟子勉學，無所營也。

【译文】

况且，音乐这种东西，是社会生活和谐有序不可变更的手段；礼制这种东西，是治理社会使之条理永恒不变的真理。音乐使人们同心同德，礼制使人们区分等级。所以，礼制和音乐的纲领，是人们思想的统帅。既穷究本源又极尽变化，是音乐的生命本质；既表彰诚实又反对伪善，是礼制的永恒原则。墨子反对礼乐，差一点受到惩罚。圣王已死，已经没有人对此加以纠正了；愚蠢的人向墨子学习，结果危及到了自己的生命。君子彰明音乐，是为了人们的仁德；混乱的社会厌恶善行，所以也没有人再听这些道理了。唉哟，实在是可悲啊！我已经看不到会有什么成效了。同学们，努力学习吧，没什么值得怀疑的吧！

【原文】

聲樂之象：鼓大麗，鐘統實，磬廉制，竽笙簫和，筦籥發猛，塤篪翁

博，瑟易良，琴婦好，歌清盡，舞意天道兼。鼓，其樂之君邪？故鼓似天，鐘似地，磬似水，竽笙、簫和、筦籥似星辰日月，鞉、柷、拊、鞷、椌、楬似萬物。曷以知舞之意？曰：目不自見，耳不自聞也；然而治俯仰、詘信、進退、遲速莫不廉制。盡筋骨之力以要鐘鼓俯會之節，而靡有悖逆者，衆積意謘謘乎！

【译文】

声调和音乐对于人们的情绪是有一定的象征性的：鼓声弘大而高亢，钟声浑厚而洪亮，磬声清越而明朗；竽、笙、箫、和、管、籥的声音跌宕起伏，激越而昂扬；埙、篪的声音浩瀚而磅礴，瑟的声音平易温良，琴的声音柔婉优美；清朗的歌声曲尽人情，舞蹈的意象包容了自然界的千变万化。鼓，难道是音乐的主宰吗？所以鼓声象征天，钟声象征地，磬声象征水，竽、笙、箫、和、管、籥之类的管乐器象征日月星辰，鞉、柷、拊、鞷、椌、楬象征着万事万物。凭什么来了解舞蹈的意象呢？我们说：跳舞的人眼睛看不见自己的形体，耳朵听不到自己的声音；但是他们低头抬头，弓身挺身，或前进或后退，或缓慢或快速，他们的动作无不干净利落，意象也清楚明白。他们使尽全身的力量去和钟鼓的节奏相协调，从来不会乱了套路，可见他们的注意力是多么地集中啊！

【原文】

吾觀於鄉，而知王道之易易也。

主人親速賓及介，而衆賓皆從之；至於門外，主人拜賓及介而衆賓皆入，貴賤之義別矣。三揖至於階，三讓以賓升，拜至，獻酬，辭讓之節繁。及介省矣。至於衆賓，升受，坐祭，立飲，不酢而降。隆殺之義辨矣。工人，升歌三終，主人獻之；笙入三終，主人獻之；閒歌三終，合樂三終，工告樂備，遂出。二人揚觶，乃立司正。焉知其能和樂而不流也？賓酬主人，主人酬介，介酬衆賓，少長以齒，終於沃洗者。焉知其能弟長而無遺也？降，說屨，升坐，修爵無數。飲酒之節，朝不廢朝，莫不廢夕。賓出，主人拜送，節文終遂。焉知其能安燕而不亂也？貴賤明，隆殺辨，和樂而不流，弟長而無遺，安燕而不亂：此五行者，是足以正身安國矣。彼國安而天下安。

故曰：吾觀於鄉，而知王道之易易也。

【译文】

我观看乡间请人喝酒的礼仪，就知道王道政治的实行是再容易不过的了。

主人亲自去邀请贤德的贵宾和陪客的人，一般的客人也就都跟着来了；主宾到了门前，主

人向贵宾和陪客拱手鞠躬，别的客人就都一起进门了；对高贵者和卑贱者的不同礼仪就这样便分开了。主人拱手作揖三次，与贵宾来到厅堂的台阶上，再谦让三次，贵宾就进了厅堂；拜谢贵宾的到来之后，主人就敬酒酬宾，推辞谦让的礼节此时是十分繁多的；到了陪客的那里，礼节就少了；至于一般客人，登堂受酒，坐着爵酒祭神，站起来把盏饮酒，他们用不着回敬就可以退下堂去；隆重与简省的礼仪这样也就分开了。乐工进来，登上厅堂，把《鹿鸣》、《四牡》、《皇皇者华》三支乐曲吹奏一遍；主宾相互敬酒一次。吹笙的上来，歌唱、演奏各三曲，主宾又一次相互敬酒；歌唱三曲，演奏三曲，再边歌唱边演奏三曲，乐工报告乐曲已经完备，就出去了。主人的两个侍从举起酒杯帮助敬酒，于是设置监督行礼的专职人员。怎么才能知道他们之间能够和睦安乐而不淫荡呢？贵宾向主人敬酒表示答谢，主人向陪客敬酒表示答谢，陪客向一般客人敬酒表示答谢，宾主都根据年龄的次序依次酬谢，最后向主人手下盥洗酒杯的人也要进行酬谢。怎么才能知道他们能够对各种年龄的人都尊重到呢？因为要退下堂去，脱去鞋子，再登堂就坐，依着年龄的次序不断地敬酒。请人喝酒的礼仪是，早晨喝酒并不耽误早上的工作，傍晚喝酒也不耽误晚上的事情。贵宾出门，主人拱手鞠躬，以示送行，礼节仪式也就完成了。怎么才能知道他们能够在礼仪中逸乐而不乖乱呢？因为他们能区分清高贵者和卑贱者，分清楚礼仪的隆重和简省，喝酒是为了和睦安乐而不是为了享乐，按年龄次序一个个都得到尊重，安然逸乐而不乖乱：这五条都做到了，这就足够用来端正身心安定国家了。于是，国家安定，整个天下也安定。

所以说：我观看乡间请人喝酒的礼仪，就知道王道政治的实行是再容易不过的了。

【原文】

亂世之徵：其服組，其容婦，其俗淫，其志利，其行襍，其聲樂險，其文章匿而采；其養生無度，其送死瘠墨；賤禮義而貴勇力，貧則爲盗，富則爲賊。治世反是也。

【译文】

混乱社会的征兆是：人们的服装华丽，男人爱打扮，像妇女一样；人们风俗淫荡，志向唯利是图，行为多样化，说话爱怪僻，文章写得邪恶，却辞藻华丽；人们追求生活享受没有限度，葬送死者却俭省刻薄；他们轻视礼制道义，崇尚勇敢武力，穷了就抢劫偷盗，富了就欺压戕害。治理得好的社会总是与此相反。

【原文】

解蔽篇第二十一

凡人之患，蔽於一曲而闇於大理。治則復經，兩疑則惑矣。天下無二道，聖人無兩心。今諸侯異政，百家異説。則必或是或非，或治或亂。亂

國之君，亂家之人，此其誠心莫不求正而以自爲也，妬繆於道而人誘其所迨也。私其所積，唯恐聞其惡也。倚其所私以觀異術，唯恐聞其美也。是以與治雖走而是己不輟也，豈不蔽於一曲而失正求也哉？心不使焉，則白黑在前而目不見，雷鼓在側而耳不聞，況於使者乎！德道之人，亂國之君非之上，亂家之人非之下，豈不哀哉？

故爲蔽？欲爲蔽，惡爲蔽，始爲蔽，終爲蔽，遠爲蔽，近爲蔽，博爲蔽，淺爲蔽，古爲蔽，今爲蔽。凡萬物異則莫不相爲蔽，此心術之公患也。

【译文】

所有的人最大的问题，是偏执于事物的一种观点而难以明白真理。整顿思想就要回到经书上，在偏见与真理之间拿不定主意就会产生迷惘。天下没有两种对立的真理，圣人不会有两种对立的观念。现在各诸侯国的政治措施各不相同，诸子百家的学说也各异其说。那么，这其中必定是有对有错，有安国之政，也有乱国之政。搞乱国家的君主，搞乱学派的学者，他们在内心深处没有不想找条正道的，只是由于他们的自以为是，别人就能利用他们自以为是的弱点，引诱他们误入歧途。他们偏爱自己的学识，只怕听到反对自己的意见。他们凭借自己的偏好去观察别的学说，唯恐听到对异己之学的赞美。因此，他们和真理早已背道而驰却还是要偏执地一意孤行。这难道不是被事物的某一种观点所蒙蔽而丧失了追求真理的机会吗？注意力不集中到那一点上，黑白摆在面前也会视而不见，雷鼓之声大振也会充耳不闻，何况心里有了成见并偏执地一意孤行呢？于是乎手中有真理的人，反倒弄得乱国之君在上非难，乱学之人在下非难，这难道不是很可悲的吗？

怎么会造成蒙蔽呢？偏爱会造成蒙蔽，憎恶也会造成蒙蔽，只看到开端会造成蒙蔽，只看到结果也会造成蒙蔽，只往远处看会造成蒙蔽，只往近处看也会造成蒙蔽，知识广博会造成蒙蔽，孤陋寡闻更会造成蒙蔽，只知遵古会造成蒙蔽，光想崇今也会造成蒙蔽。大凡天地万物是有无数个要素构成的，而各种要素无不会相互蒙蔽，这是思想方法上一个普遍的问题啊。

【原文】

昔人君之蔽者，夏桀、殷紂是也。桀蔽於末喜、斯觀，而不知關龍逢，以惑其心而亂其行。紂蔽於妲己、飛廉，而不知微子啟，以惑其心而亂其行。故羣臣去忠而事私，百姓怨非而不用，賢良退處而隱逃，此其所以喪九牧之地而虛宗廟之國也。桀死於亭山，紂縣於赤旆；身不先知，人又莫之諫，此蔽塞之禍也。

成湯監於夏桀，故主其心而慎治之，是以能長用伊尹而身不失道，此其所以代夏王而受九有也。文王監於殷紂，故主其心而慎治之，是以能長用吕望而身不失道，此其所以代殷王而受九牧也。遠方莫不致其珍，故目

視備色，耳聽備聲，口食備味，形居備宫，名受備號，生則天下歌，死則四海哭，夫是之謂至盛。《詩》曰：「鳳凰秋秋，其翼若干，其聲若簫。有鳳有凰，樂帝之心。」此不蔽之福也。

【译文】

从前君主被蒙蔽的，有夏桀、商纣。夏桀被妹喜、斯观蒙蔽而不赏识关龙逢，弄得他思想迷乱而行为荒唐；商纣被妲己、飞廉蒙蔽而不赏识微子启，也被弄得思想迷乱而行为荒唐。所以，群臣都不再效忠于他们而去谋求私利，百姓们怨恨责怪而不再为他们效劳，贤良的人才辞官在家，隐居避世，于是乎他们丧失了九州的土地而宗庙、国都也成了废墟。夏桀死在鬲山，商纣的头被悬在红旗的飘带上；他们自己没能预料，别人又劝阻不了，这就是受蒙蔽的祸害啊。

商汤以夏桀为鉴，拿定主意要谨慎治理国家，这才长期地任用伊尹而自己又不背离正道，这也使他取代夏桀而得到了九州。周文王以商纣王为鉴，拿定主意要谨慎治理国家，这才长期地任用吕望而自己又不背离正道，这也使他取代商纣王而得到九州。于是乎远处的方国无不把珍贵的东西送过来，这样，他们就观赏着所有的美色，听到了全国各地的美妙音乐，嘴里吃上了所有的山珍海味，身居各种豪华的宫殿，名字前面加上了各种美好的称号；活着的时候天下都在歌颂，身死之后四海也为之流涕痛哭。这就是所谓的隆盛之至呀！《诗经》上说：「凤凰翩翩舞飞翔，翅膀就像战士的银枪，鸣叫的颂歌，洞箫般悠扬。又有凤来又有凰，乐得圣王喜洋洋。」这就是不受蒙蔽的幸福。

【原文】

昔人臣之蔽者，唐鞅、奚齊是也。唐鞅蔽於欲權而逐載子，奚齊蔽於欲國而罪申生。唐鞅戮於宋，奚齊戮於晉。逐賢相而罪孝兄，身爲刑戮，然而不知，此蔽塞之禍也。故以貪鄙、背叛、爭權而不危辱滅亡者，自古及今，未嘗有之也。

鮑叔、寧戚、隰朋仁知且不蔽，故能持管仲而名利福禄與管仲齊。召公、吕望仁知且不蔽，故能持周公而名利福禄與周公齊。傳曰：「知賢之謂明，輔賢之謂能。勉之彊之，其福必長。」此之謂也。此不蔽之福也。

【译文】

从前臣子中带偏蔽的，有唐鞅、奚齐。唐鞅之蔽在于为追求权势而驱逐载子，奚齐之蔽在于为争夺政权而加罪于申生。结果，唐鞅在宋国被杀，奚齐在晋国被杀。唐鞅驱逐了德才兼备的国相而奚齐却加罪于孝顺的兄长。自己被杀了，还不明白为什么，这就是偏蔽的祸害。所以，贪婪鄙陋、争权夺利却又不在危险屈辱中灭亡的，从古到今，不曾有过。

鲍叔、宁戚、隰朋是仁德明智且不带偏蔽的人，所以才能扶助管仲从而分享名声、财利、幸福、俸禄，几乎和管仲一样。召公、吕望是仁德明智且不带偏蔽的人，所以能够扶助周公而分享

名声、财利、幸福、俸禄，几乎和周公一样。古书上说：「识别贤人的称之为明智，辅助贤人的称之为贤能。勉励点罢，坚强些罢，你的幸福一定会久长。」说的就是这个。这是不带偏蔽的幸福。

【原文】

昔賓孟之蔽者，亂家是也。墨子蔽於用而不知文，宋子蔽於欲而不知得，慎子蔽於法而不知賢，申子蔽於埶而不知知，惠子蔽於辭而不知實，莊子蔽於天而不知人。故由用謂之道，盡利矣；由俗謂之道，盡嗛矣；由法謂之道，盡數矣；由埶謂之道，盡便矣；由辭謂之道，盡論矣；由天謂之道，盡因矣。

此數具者，皆道之一隅也。夫道者，體常而盡變，一隅不足以舉之。曲知之人，觀於道之一隅而未之能識也，故以爲足而飾之。內以自亂，外以惑人。上以蔽下，下以蔽上，此蔽塞之禍也。

【译文】

从前游士们中有所遮蔽的人，就是搞乱学派的学者。墨子只知道重实用而不懂得文饰，宋子只看到人的寡欲而看不到人的贪欲，慎子只求法治而不懂得因人之治，申子只看重权势而不看重才智，惠子专务于名辩而不懂实际，庄子只了解天道而不了解人的力量。所以，从实用的角度来论道，就全谈功利了；从欲望的角度来论道，就全讲满足了；从法治的角度来论道，就全说律条了；从权势的角度来论道，就都成权势的便利了；从名辩的角度来论道，就都是些不切实际的理论了；从天道的角度来论道，就只有因循依顺了。

这几家学说，都是道的一个片面。道，本体经久不变而又能穷尽所有的变，从一个角度是不能概括它的。一知半解的人，只看到道的一个方面而没有能够真正认识它，就把这个方面当成完整的道来研究。于是对内扰乱了自家的学说，对外又迷惑了其他人。君主被臣民蒙蔽，臣民被君主蒙蔽，这是遮蔽的祸害。

【原文】

孔子仁知且不蔽，故學亂術，足以爲先王者也。一家得周道，舉而用之，不蔽於成積也。故德與周公齊，名與三王竝，此不蔽之福也。

聖人知心術之患，見蔽塞之禍，故無欲無惡，無始無終，無近無遠，無博無淺，無古無今。兼陳萬物而中縣衡焉。是故衆異不得相蔽以亂其倫也。

何謂衡？曰：道。故心不可以不知道。

心不知道，則不可道而可非道。人孰欲得恣而守其所不可，以禁其所可？以其不可道之心取人，則必合於不道人，而不知合於道人。以其不可道之心，與不道人論道人，亂之本也。

夫何以知？曰：心知道，然後可道。可道，然後能守道以禁非道。

以其可道之心取人，則合於道人，而不合於不道之人矣。以其可道之心，與道人論非道，治之要也。何患不知？故治之要在於知道。

【译文】

孔子仁德明智而且没有遮蔽，多方学习集大成，完全可以服务于圣王。只有孔子的学派掌握了周公之道，推崇并且运用，而不曾被成见旧习所蒙蔽。所以，孔子的德行与周公一样，名声和三代开国之君相并列，这是不受蒙蔽的幸福。

圣人知道人在思想方法上难免有许多问题，看到了蔽塞的祸害，所以他们不偏爱，不憎恶；既不只看到开端，也不只看到结果；既不光看近处，也不光看远处；既不贪求广博，也不安于浅陋，既不仅信传统，又不一味颂今。他们总是同时摆出天地万物中的各种要素，用一定的标准在其中进行权衡。所以，众多参差不齐的事理不会因为相互遮蔽而乱了关系、条理。

什么是权衡事物的标准呢？一言以蔽之：道。所以人心不能够不了解道。

人心如果不了解道，就会否定道且认为可以违背道。有谁想要自由自在地生活，却遵奉自己否定的价值，且用它来禁止自己所肯定的价值呢？用他自己否定的价值观念去选择，就一定会选择出他所否定的人，而不会选择出亲近于道的人。带着他否定的价值观念和根据这种观念选择出来的人去议论遵奉道的人，这就是社会秩序混乱的根本原因。

那么，你是凭什么这样说的呢？可以这样说：人心了解了道，然后就会遵奉道。承认了道的存在，然后才能遵奉道来禁止违背道的价值观。用他承认道的价值观念去选择人，选择出来的就会是遵奉道的人，而不会选择不遵奉道的人了。带着他承认道的价值观念和有道之人议论不承认道的人，这是治理国家的关键。这又有什么难以了解的呢？

所以，治理好社会的关键，就在于了解道。

【原文】

人何以知道？曰：心。心何以知？曰：虛壹而靜。

心未嘗不臧也，然而有所謂虛；心未嘗不滿也，然而有所謂一；心未嘗不動也，然而有所謂靜。人生而有知，知而有志。志也者，臧也。然而有所謂虛，不以所已臧害所將受謂之虛。心生而有知，知而有異；異也者，同時兼知之；同時兼知之，兩也；然而有所謂一，不以夫一害此一謂之壹。心，卧則夢，偷則自行，使之則謀，故心未嘗不動也；然而有所謂靜，不以夢劇亂知謂之靜。

未得道而求道者，謂之虛壹而靜，作之，則將須道者之虛則人，將事道者之壹則盡，將思道者靜則察。知道察，知道行，體道者也。虛壹而靜，謂

之大清明。萬物莫形而不見，莫見而不論，莫論而失位。坐於室而見四海，處於今而論久遠，疏觀萬物而知其情，參稽治亂而通其度，經緯天地而材官萬物，制割大理，而宇宙裏矣。恢恢廣廣，孰知其極？睪睪廣廣，孰知其德？涫涫紛紛，孰知其形？明參日月，大滿八極，夫是之謂大人。夫惡有蔽矣哉？

【译文】

人怎么可以了解道呢？一言以蔽之：心。心怎么样才能了解道呢？回答说：要靠虚心、专心和静心。

心总是会有各种偏好，然而毕竟有所谓虚心；心总会有各种各样的思虑，然而毕竟有所谓专心；心总在不停地活动，然而毕竟有所谓静心。人天生是可以认识的，有了认识就会有志欲的对象；志欲就是偏好，然而毕竟有所谓虚心，不让自己的偏好妨害自己接受知识的，就叫做虚心。心本来就是要认识事物的，事物呈现为知识时是有差异的；所谓差异，是相对于全知而言的；人心想要全知，就会产生自相矛盾；然而人毕竟有所谓的一心，一心就是不让彼一心妨害此一心。人的心，躺下来睡觉就会做梦，一有空闲就会心驰神往，胡思乱想，运用它就是所谓谋划，所以心是从来不会不动的；然而毕竟有所谓的静心，所谓静心就是不让梦境的心驰神往和闲暇时的胡思乱想来影响自己的心态。

没有得道而想追求道的人，要把虚心、专心和静心牢牢记在心里。需要道的人，虚心就能投入；遵奉道的人，专心就能入静；思考道的人，心静就能明察。懂得了道的明察，承认了道的能量，就是在实践道的人。虚心、专心与静心，我们可以称之为人心的最大的清澈澄明。万物不会隐形而不现，人心不会看见了不评判，世界不会因评判而改变。坐在屋里而能看见四海之大，身处当下却能够评判远古，粗看一下世界就能了解它的情况；考察社会的治乱能通晓社会的法度，经天纬地可以安排万物，掌握了真理，宇宙就在我心中。

恢廓广大啊，谁能知道它时空的尽头？浩瀚无边啊，谁能了解它德行的深厚？千变万化、纷繁复杂，谁能知道它形貌轮廓？圣人的明达分享着日月的光辉，所以他的博大智慧可以充塞无边的宇宙。这就是人们所说的伟大的人，这种人哪里还会有所遮蔽呢？

【原文】

心者，形之君也，而神明之主也；出令而無所受令；自禁也，自使也；自奪也，自取也，自行也，自止也。故口可劫而使墨云，形可劫而使詘申，心不可劫而使易意，是之則受，非之則辭。故曰：心容其擇也，無禁必自見；其物也襍博，其情之至也不貳。《詩》云：「采采卷耳，不盈頃筐。嗟我懷人，寘彼周行。」頃筐易滿也，卷耳易得也，然而不可以貳周行。故曰：心枝則無知，傾則不精，貳則疑惑。以贊稽之，萬物可兼知

也。身盡其故則美，類不可兩也，故知者擇一而壹焉。

【译文】

心是身体的主宰，是神明的主管；它发号施令而不接受命令；它自己限制自己，自己驱使自己；它自己决定抛弃什么，自己决定选择什么；它自己行动，自己停止。所以，对于嘴巴，我们可以强迫它沉默或说话；对于身体，可以强迫它弯曲或伸直；对于心，我们则不可强迫它改变意志，它认为什么对就接受，认为什么错就拒绝。所以说：心中悦纳它就选择，不受限制时，就一定自己显现出来；心的认识虽然繁杂而广泛，但心如果认定了某种价值，就会精诚不二。《诗经》上说：「采呀采呀采卷耳，老装不满斜口筐。唉呀我的心上人，一见筐放大路上。」斜口筐很容易装满，卷耳也很容易采到，但是不可以三心二意地呆在大路上。所以说：思想分散就不会有知识，心态不正就不会认识精当，用心不专就会迷惑。如果专心一致地考察，什么事物都是可以认识的。如果亲身体验事物的缘由，认识就会完美起来。同一种事物不可能有两种对立的准则，所以明智的人选择准则而专心于了解它。

【原文】

農精於田而不可以爲田師，賈精於市而不可以爲賈師，工精於器而不可以爲器師。有人也，不能此三技而可使治三官，曰：精於道者也，精於物者也。精於物者以物物，精於道者兼物物。故君子壹於道而以贊稽物。

壹於道則正，以贊稽物則察，以正志行察論，則萬物官矣。

【译文】

农民精于种地却不一定能管理农业；商人精于买卖却不一定能管理市场；工人精于制造却不一定能管理工场。有些人，对于种地、经商、做工都不会，却可以有能力管理农、工、商。所以说：懂得道的人，就是了解天地万物的人。了解具体事物的人可以支配他所了解的具体事物，懂得道的人则能够全面地把握各种事物。所以君子专心于道并用道来帮助自己考察天地万物。专心于道就能心态端正，用端正了的心态来指导自己的行为，可以得出明察的结论，有了明察的结论就可以掌控天地万物。

【原文】

昔者舜之治天下也，不以事詔而萬物成。處一危之，其榮滿側；養一之微，榮矣而未知。故《道經》曰：「人心之危，道心之微。」危微之幾，惟明君子而後能知之。故人心譬如槃水，正錯而勿動，則湛濁在下而清明在上，則足以見鬚眉而察理矣。微風過之，湛濁動乎下，清明亂於上，則不可以得大形之正也。心亦如是矣。故導之以理，養之以清，物莫之傾，則足以定是非，決嫌疑矣。小物引之，則其正外易，其心内傾，則不足以決庶理矣。

故好書者衆矣，而倉頡獨傳者，壹也；好稼者衆矣，而后稷獨傳者，

壹也；好樂者衆矣，而夔獨傳者，壹也；好義者衆矣，而舜獨傳者，壹也。倕作弓，浮游作矢，而羿精於射；奚仲作車，乘杜作乘馬，而造父精於御。自古及今，未嘗有兩而能精者也。曾子曰：「是其庭可以搏鼠，惡能與我歌矣？」

【译文】

从前，舜治理天下的办法是：并非事必躬亲，而是无为而治，万物照样生长，事情做得很好。他一心一意遵奉道且不断地告诫自己不炫耀，他的周围人人都有荣誉感；体验道的精妙处，有了巨大的光荣自己却一点都不知道。所以《道经》上说：「一般人的心灵只能达到敬畏的境界，道的心灵则能达到精妙的境界。」敬畏与精妙的苗头，只有明智的君子才能了解它。人的心灵就像盘中的水，端正地平放着而不去搅动，那么污浊的渣滓就会沉淀在下面，而清澈透明的水就会自然地处在上面，这能够用来照见人的胡须眉毛，一清二楚。但如果微风在水面吹过，污浊的渣滓从下面泛上来，清澈透明的水在上面乱扰动，那就不可能在水盘中看到人形的正确容貌了。人的心灵也是这样。如果用真理来引导它，用高洁的品德培养它，外物就不能扰动使它烦乱，这样的心灵就能够用来判别是非，决断犹疑了。如果一点小事影响，心灵就失去平静而神态犹疑，他的心灵就会动荡烦乱，那就不能够用来决断各种事理了。

古代爱好写字的人很多，但却只有仓颉一个人的名声流传下来，这是因为他用心专一；爱好种庄稼的人很多，但却只有后稷一个人的名声流传下来，这也是因为他用心专一；爱好音乐的人很多，但却只有夔一个人的名声传了下来，这也是因为他用心专一；爱好道义的人很多，但却只有舜一个人的名声流传下来，这也是因为他用心专一。工倕制造了弓，浮游创造了箭，而羿善于射箭；奚仲制造了车，乘杜发明了马拉车，而造父精通驾车。从古到今，从来没有过一心两用而能事业专精的。曾子说：「唱歌时用棍棒打拍子，心里却想着棍棒可以打老鼠，这种人怎么能和我一起把歌唱好呢？」

【原文】

空石之中有人焉，其名曰觙。其爲人也，善射以好思。耳目之欲接则敗其思，蚊蝱之聲聞則挫其精，是以闢耳目之欲，而遠蚊蝱之聲，閑居靜思則通。

思仁若是，可謂微乎！孟子惡敗而出妻，可謂能自彊矣；有子惡臥而焠掌，可謂能自忍矣，未及好也。闢耳目之欲，可謂能自彊矣，未及思也。蚊蝱之聲聞則挫其精，可謂危矣，未可謂微也。夫微者，至人也。至人也，何彊？何忍？何危？故濁明外景，清明内景。聖人縱其欲，兼其情，而制焉者理矣。夫何彊？何忍？何危？故仁者之行道也，無爲也；聖人之行道也，無彊也。仁者之思也恭，聖人之思也樂。此治心之道也。

【译文】

穷石城内有一个人，他的名字叫觙。他这个人善于箭投壶的游戏却总喜欢想事儿。耳朵一听到什么，眼睛一看到什么，就会破坏他的思考；一听到蚊蝇声，就会影响他的注意力。因此他避开耳目之欲，躲开蚊子苍蝇，独自居住静静地思考，思路马上通了。

思考仁德也是这样，可以说那是很精妙的事啊！孟子怕妻子败德而休了妻，这可以说是相当勉力向上了；有子怕打瞌睡而用火烧自己的手，这可以说是相当自我克制了；但还都没有能达到爱好仁德的地步。避开耳目所向往的音乐、美色，可以说是相当地勉强自己了，但还不能说自己学会了思考；听到蚊子苍蝇声就影响注意力，可以说是相当戒惧了，但还谈不上精妙。精妙，是要达到最高境界的人才能做到的。达到了最高境界的人，还要什么勉强？什么克制？什么戒惧？所以，混沌地明白道的人只能用道来自我炫耀，清楚地明白道的人才能让道来滋养自己的心灵。圣人即使放纵自己的欲望，满足自己的情感，他要做的事情仍然能做好。哪里还要什么勉强？什么克制？什么戒惧？所以仁者遵奉道，是无所作为的；圣人遵奉道，是不勉强的。仁者的思索恭敬慎重，圣人的思索轻松愉快。这就是修养心灵的方法。

【原文】

凡觀物有疑，中心不定，則外物不清，吾慮不清，則未可定然否也。冥冥而行者，見寢石以爲伏虎也，見植林以爲後人也，冥冥蔽其明也。醉者越百步之溝，以爲蹞步之澮也；俯而出城門，以爲小之閨也；酒亂其神也。厭目而視者，視一以爲兩；掩耳而聽者，聽漠漠而以爲哅哅；埶亂其官也。故從山上望牛者若羊，而求羊者不下牽也，遠蔽其大也。從山下望木者，十仞之木若箸，而求箸者不上折也，高蔽其長也。水動而景搖，人不以定美惡，水埶玄也。瞽者仰視而不見星，人不以定有無，用精惑也。有人焉，以此時定物，則世之愚者也。彼愚者之定物，以疑決疑，決必不當。夫苟不當，安能無過乎？

【译文】

大凡观察事物的迷惑有：内心不平静，那么外界的事物就想不清；自己的思想混乱，那就难以判断是非。黑暗中走路的人，看见卧石会以为是趴着老虎，看见树林会以为里面站着人，这是黑暗模糊了他的视力。喝醉酒的人跨大沟，会以为是在过小沟；低着头出城门，会以为是在过小门；这是酒迷醉了他的神志。揉了眼睛去看，会把一点看成两点；捂住耳朵去听，会把漠漠无声当做嗡嗡作响；这是外力影响了他的感觉。从山上远望山下的牛就好像是羊，但求取羊的人是不会下山去牵的，这是距离掩盖了牛的高大。从山下眺望山上的树，七丈高的树木像筷子，但需要筷子的人是不会上山去折的，因为他知道高远对长度造成了错觉。水波荡漾影子也晃动，人们不会以此来定美丑，这是因为他知道是水波变乱了人的容貌。瞎子抬头观望而看

不见星星，人们不会以他的感觉来定星星的有无，因为人们知道他的眼睛没视力。如果有人在那里以此来作出判断，那他一定是世界上最愚蠢的人。这样的蠢人判断事物，一定是用似是而非的标准来决定似是而非的事物，判断一定不妥当。如果判断欠妥当，又怎能做事不做错呢？

【原文】

夏首之南有人焉，曰涓蜀梁，其爲人也，愚而善畏。明月而宵行，俯見其影，以爲伏鬼也；卬視其髮，以爲立魅也；背而走，比至其家，失氣而死，豈不哀哉？凡人之有鬼也，必以其感忽之閒，疑玄之時正之。此人之所以無有而有無之時也，而己以正事。故傷於溼而擊鼓鼓痺，則必有敝鼓喪豚之費矣，而未有俞疾之福也。故雖不在夏首之南，則無以異矣。

【译文】

夏首的南边有一个人，名叫涓蜀梁，这个人生性愚钝而胆小。在月光下行走，低头看见了自己的身影，他以为是趴在地上的鬼；仰视看见自己的头发，他以为是空中有了妖怪；他吓得转身就跑，跑到家里就断气死了，这难道不可悲吗？大凡人觉得有鬼，一定是正在他神志不清、疑惑迷乱的时候作出判断的，这也正是人们把有当成没有、把没有当成有的时候。但是这些人却偏要在这个时候用自己的偏见作判断。有人得了疟疾，想通过击鼓并烹猪求神来驱除疾病，结果一定只是打破了鼓，失去了猪，决不会有治好了病的幸福。所以这种人虽然并不像涓蜀梁一样住在夏首的南边，却和涓蜀梁没什么区别。

【原文】

凡以知，人之性也；可以知，物之理也。以可以知人之性，求可以知物之理而無所疑止之，則没世窮年不能徧也。其所以貫理焉雖億萬，已不足以浹萬物之變，與愚者若一。學，老身長子而與愚者若一，猶不知錯，夫是之謂妄人。故學也者，固學止之也。惡乎止之？曰：止諸至足。曷謂至足？曰：聖也。聖也者，盡倫者也；王也者，盡制者也。兩盡者，足以爲天下極矣。故學者，以聖王爲師，案以聖王之制爲法，法其法，以求其統類，以務象效其人。嚮是而務，士也；類是而幾，君子也；知之，聖人也。故有知非以慮是，則謂之懼；有勇非以持是，則謂之賊；察孰非以分是，則謂之篡；多能非以修蕩是，則謂之知；辯利非以言是，則謂之詍。傳曰：「天下有二：非察是，是察非。」謂合王制與不合王制也。天下有不以是爲隆正也，然而猶有能分是非、治曲直者邪？若夫非分是非，非治曲直，非辨治亂，非治人道，雖能之，無益於人，不能，無損於人。案直將治怪說，玩奇辭，以相撓滑也；案彊鉗而利口，厚顔而忍詬，無正而恣睢，妄辨而幾利；不好辭讓，不敬禮節，而好相推擠；此亂世姦人

之說也。則天下之治說者方多然矣。傳曰：「析辭而爲察，言物而爲辨，君子賤之。博聞彊志，不合王制，君子賤之。」此之謂也。

爲之無益於成也，求之無益於得也，憂戚之無益於幾也，則廣焉能棄之矣。不以自防也，不少頃干之胷中。不慕往，不閔來，無邑憐之心，當時則動，物至而應，事起而辨，治亂可否，昭然明矣。

【译文】

一般而言，有认知的能力，是人的本性；事物可以被认识，是事物的规律。凭借人的认知能力之本性，去探求可被认知的世界规律，如果没个限制，那么人这一辈子，即使尽享天年也认知不过来。即使你懂得了道理千千万，到头来也还是不能通透天地万物的变化，和蠢人还是一样的。学了一辈子，最后弄得和蠢人一样，却还不知道错在了哪里，那你就是个妄人。所以，讲学习本来就先要学习人类知识的限度。一个认知主体的知识限度在哪里呢？可以这样说：限制在最圆满的境界。什么叫最圆满的境界？可以说：就是通晓圣王之道。圣人是完全明白事理的人；王者是彻底了解制度的人；两个方面都精通，就完全成为天下的最高师表了。所以，学者要把圣王当老师，把圣王的制度当成行为的法度，效法圣王的法度，求得它的纲领，努力效法圣王的为人。向这个方面努力的，是士人；效法得很相似，是君子；学得精通的，就是圣人。所以，有了知识却不考虑这一点的，是怯丑；有了勇力却不遵循这一点的，是盗贼；懂得很多却不区分这一点的，是篡逆；才能很高却不修持这一点的，是巧智；伶牙利齿却不讲述这一点的，是多嘴。古书上说：「认识世界可以从两个方面：用错的标准来考察对的；用对的标准来考察错的。」所谓的对错，就是合于王法和不合王法。天下如果不把圣王的法度作为最高标准，怎么还能分辨是非、评判曲直呢？至于那种不分辨是非、不评判曲直、不辨别治乱的，就不再是治理社会的伦理法度了，虽然说得头头是道，对人类没什么好处；不说那么多，对人也没什么坏处。这些人只不过是想钻研奇谈怪论，玩弄怪僻词藻，用来相互扰乱罢了；他们强制别人而能说会道，厚着脸皮而忍受辱骂，缺乏正道而恣肆放荡，妄分是非而唯利是图；他们不喜欢谦让，不尊重礼节，而喜欢互相排挤；这是混乱社会中奸诈之人的学说。可是，现在天下研究各种学说的人，却好像正在多起来。古书上说：「分析语词而自以为洞达明察，空谈名物而自以为善于区别，君子们看不起这种人。见多识广而意志坚强，但不合圣王法度的，君子们看不起这种人。」说的就是这种情况啊。

做了无益于成功，追求无益于取得，忧虑无益于如愿，那么所有这一切都统统可以抛弃；别让它妨碍自己，别让它片刻骚扰心灵。不追慕既往，不珍惜未来，没有忧患悲悯的心情，时机来了就行动，外物刺激就反应，一遇事情就评判；这样，天下是治是乱，道理是对是错，就是再清楚明白不过的了。

【原文】

周而成，泄而敗，明君無之有也。宣而成，隱而敗，闇君無之有也。故君人者周則讒言至矣，直言反矣；小人邇而君子遠矣。《詩》云：「墨以爲明，狐狸而蒼。」此言上幽而下險也。君人者宣則直言至矣，而讒言反矣，君子邇而小人遠矣。《詩》曰：「明明在下，赫赫在上。」此言上明而下化也。

【译文】

秘密谋划就成功，事情公开就失败，英明的君主没这种事。袒露真情就成功，隐瞒真相就失败，昏暗的君主没这种事。所以，君主如果周密地谋划，那么，毁谤的话就会来，正直的话就会缩回去了；小人一接近，君子就离开。《诗经》上说：「你把黑的说成白，你说狐狸色苍黛。」这是说君主如果昏庸愚昧，臣民就会铤而走险。君主如果开诚布公，那么，正直的话就会说出来，毁谤的话就得缩回去了，君子一接近，小人就离开。《诗经》上说：「皎洁明亮在民间，光辉灿烂是君上。」这是说君主光明正大，臣民就会被感化。

正名篇第二十二

【原文】

後王之成名：刑名從商，爵名從周，文名從《禮》，散名之加於萬物者，則從諸夏之成俗曲期。遠方異俗之鄉，則因之而爲通。

散名之在人者：生之所以然者謂之性。性之和所生，精合感應，不事而自然謂之性。性之好、惡、喜、怒、哀、樂謂之情。情然而心爲之擇謂之慮。心慮而能爲之動謂之僞。慮積焉、能習焉而後成謂之僞。正利而爲謂之事。正義而爲謂之行。所以知之在人者謂之知。知有所合謂之智。智所以能之在人者謂之能。能有所合謂之能。性傷謂之病。節遇謂之命。是散名之在人者也。

是後王之成名也。

【译文】

现代的圣王确定名称：刑法的名称根据商朝的制度，爵位的名称根据周朝的制度，礼仪制度的名称根据《礼经》（今称《仪礼》）的规定。赋予万物的各种名称，则根据中原地区的华夏各诸侯国已经形成的习俗参酌周边诸国，共同约定。相距遥远习俗不同的地区，就依靠这些名称来进行交流。

人事方面的各种名称是：人生下来之所以这样的一切称之谓天性。天性的和气所产生的、精神接触外物后的各种感受和自然反应、不经人为努力而自然形成的东西就称之谓本性。本性中的爱好、厌恶、喜悦、愤怒、悲哀、快乐称之谓感情。根据这些感情反应而由心灵对之进行

选择，称之谓思虑。根据心灵的思虑选择，意志驱使官能去行动，称之谓人为。思虑和选择经验经过不断积累，官能反复练习之后的习惯成自然，也称之谓人为。为功利目的而做的称之谓事业；为道义目的而做的称之谓德行。人生来就具备的用来认识事物的能力称之谓知觉。知觉和所认识的事物符合一致的称之谓知识，知识运用得当称之谓智慧。人之所以有智慧是一种天生的能力。能力在处理事情时取得了成功称之谓才能。天性受到伤害称之谓疾病。制约着人生的境遇称之谓命运。这些就是名称在人事方面的各种具体说法。这些就是现代的圣王所确定的各种名称。

【原文】

故王者之制名，名定而實辨，道行而志通，則慎率民而一焉。故析辭擅作名以亂正名，使民疑惑，人多辨訟，則謂之大姦，其罪猶爲符節、度量之罪也。故其民莫敢託爲奇辭以亂正名，故其民慤。慤則易使，易使則公。其民莫敢託爲奇辭以亂正名，故壹於道法而謹於循令矣。如是，則其跡長矣。跡長功成，治之極也，是謹於守名約之功也。

【译文】

圣王制定事物的名称，名称一确定，实际事物能得以分辨；制定名称的原则一推行，人的思想可以得到沟通。所以，圣王总是要慎重地率领民众统一事物的名称。在这一前提下，如果有人析解词句、擅造事物之名扰乱正名，民众就会迷惑不定，并因此而使人们争辩不休。所以，这种人就被称之谓罪大恶极的坏人，其罪名和伪造信符与度量衡同样严重。所以，在圣王统治下的民众没有谁敢制造怪僻的词句来扰乱正名，因此这里的民众就会很朴实。民众朴实就容易使唤，民众容易使唤，圣王就能成就功业。圣王的民众没人敢制造怪僻的词句来扰乱正名，所以就专心地遵行法度而谨慎地遵守政令。若能这样，圣王的统治也就长治久安了。统治长久而功成名就，是政治的最高境界。圣王长治久安、功成名就的功效就来源于严格地执持统一的话语权对民众的约束。

【原文】

今聖王没，名守慢，奇辭起，名實亂。是非之形不明，則雖守法之吏，誦數之儒，亦皆亂也。若有王者起，必將有循於舊名，有作於新名。然則所爲有名，與所緣以同異，與制名之樞要，不可不察也。

【译文】

现在，圣王去世了，名称的管制松懈了，新奇的说法产生了，名称和事物的对应混乱了。正确和错误的界限不清楚，那么即使是管制法度的官吏、讲述礼制的儒生，也都弄不清楚了。如果再有圣王出现，一定要对旧名有所遵循，并要创制一些新的名称。如果这样，对于为什么事物要有名称，为什么要根据不同的事物制定不同的名称，以及制定名称的关键到底是什么，就不能不

搞清楚了。

【原文】

異形離心交喻，異物名實玄紐，貴賤不明，同異不別。如是，則志必有不喻之患，而事必有困廢之禍。故知者爲之分別，制名以指實，上以明貴賤，下以辨同異。貴賤明，同異別，如是，則志無不喻之患，事無困廢之禍。此所爲有名也。

【译文】

如果让不同的人使用不同的概念进行交流，如果不同的事物的名与实混乱地相互缠结，那么社会地位的贵与贱就显现不出来，事物的同与异就不能区别。如果这样，人们的想法就难免有难以沟通的烦恼，事情也一定会陷入困境，而有万事俱废的灾祸。所以，智慧的人给万事万物分别制定不同的名称，以便能够指称实际事物，统治者可以用来彰显高贵和卑贱，民间也可以用来分辨事物的同和异。贵贱得到彰显，同异得以区别，于是，人们的想法就不会因难以沟通而烦恼，事情就不会因人们不能沟通而陷入困境以至于有万事俱废的灾祸。这就是为什么人们要创造出语言的原因。

【原文】

然則何緣而以同異？曰：緣天官。凡同類、同情者，其天官之意物也同，故比方之疑似而通，是所以共其約名以相期也。形體、色、理，以目異；聲音、清濁、調竽、奇聲，以耳異；甘、苦、鹹、淡、辛、酸、奇味，以口異；香、臭、芬、鬱、腥、臊、洒、酸、奇臭，以鼻異；疾、養、滄、熱、滑、鈹、輕、重，以形體異；説、故、喜、怒、哀、樂、愛、惡、欲，以心異。心有徵知。徵知則緣耳而知聲可也，緣目而知形可也，然而徵知必將待天官之當簿其類然後可也。五官簿之而不知，心徵之而無説，則人莫不然謂之不知，此所緣而以同異也。

【译文】

那么，根据什么来使事物的名称有同有异呢？可以这样说：根据天生的五官。凡是同一个民族、具有相同情感的人，他们的天生的五官感觉对事物的认知是相同的，所以对事物的描写只要模拟得大体相似就能使别人理解了，这就是人们能共同使用归纳的名词相互交际的原因。形体、颜色、纹理，通过眼睛而分别；声音、清音与浊音、协调乐器的竽声、奇异的声音，通过耳朵而分别；甜、苦、咸、淡、辣、酸以及奇异的味道，通过舌头而分别；香、臭、花香、鸟腐臭、猪腥、狗臊、马膻、牛膻以及奇异的气味，通过鼻子而分别；痛、痒、冷、热、滑爽、滞涩、轻、重，通过肢体皮肤而分别；愉快、烦闷、欣喜、愤怒、悲哀、快乐、爱好、厌恶以及各种欲望，通过心灵而分别。心灵世界能够验知外界事物。既然外界事物可以验证知识，那么依靠耳朵了解声音就行，

依靠眼睛了解形状就行，但心灵之验知外物，是一定要五官感觉接触事物，分辨类别才可以的。五官感觉接触了外界事物却不能认知，心灵验知外界事物而说不出来，那么，所有的人都会认为他无知。这些就是事物的名称之所以有同有异的根据。

【原文】

然後隨而命之：同則同之，異則異之；單足以喻則單；單不足以喻則兼，單與兼無所相避則共。雖共，不爲害矣。知異實者之異名也，故使異實者莫不異名也，不可亂也。猶使異實者莫不同名也。故萬物雖衆，有時而欲徧舉之，故謂之物。物也者，大共名也。推而共之：共則有共，至於無共然後止。有時而欲偏舉之，故謂之鳥獸。鳥獸也者，大別名也。推而別之，別則有別，至於無別然後止。名無固宜，約之以命。約定俗成謂之宜，異於約則謂之不宜。名無固實，約之以命實，約定俗成謂之實名。名有固善，徑易而不拂，謂之善名。物有同狀而異所者，有異狀而同所者，可別也。狀同而爲異所者，雖可合，謂之二實。狀變而實無別而爲異者，謂之化；有化而無別，謂之一實。此事之所以稽實定數也。此制名之樞要也。後王之成名，不可不察也。

【译文】

然后我们就可以根据这些道理来给事物命名了：我们给相同的事物以相同的名称，给不同的事物以不同的名称；单字够了就用单字命名；单字不够就用复合词命名；单字词和复合词都避不开的字我们就共同使用。虽然共用同一个字，也不会造成什么混乱。知道不同的事物要用不同的名称，不同的事物也就无不具有不同的名词，不可错乱。就像相同的事物无不用相同的名词来表达一样。万物虽然众多，有时候却需要把它们全都归纳起来，所以我们就称之为物。物这个名词，是一个最大的共名。依此类推，我们就可以给事物分别制定许多共名：许多共名还可以上推到更大类的共名，直到不再有更大的共名为止。有时候我们想要把一类事物全部指称出来，所以我们有被称之为鸟兽的共名。鸟兽这类名词，是一种最大的区别性共名。依此类推，有时候我们需要把事物区别开来，于是区别性的名词下面还可以再分出进一步的区别，直到再也区分不开为止。名词和事物的关系并不是天然合宜的，而是人们约定俗成之后而赋予事物的。约定俗成了，也就可以说它合宜了，不同于约定俗成的，我们就认为它不合宜。名词本来并没有固有的表达对象，只是人们通过约定俗成而赋予事物，约定俗成了，我们就用它来指称某一实际事物，使这一名词成了实际上使用的名称。有的名称本来就起得好，它直接平易而不违背常理，我们就称它为善名。事物有形状相同而实体不同的，有形状不同而实体相同的，都是可以区别的。形状相同却属于不同实体的，即使使用同一名词来指称，我们仍然称它是两

个实体。形状变了，但实质上并没有区别而为两种事物的，叫做变化；有变化但实质上没有区别的，我们仍然说它是一个实物。这是考察事物的实质、确定事物的数目时常用的方法。这是制定名称的关键。现代的圣王想要功成名就，不弄清正名的来龙去脉是不行的。

【原文】

「見侮不辱」，「聖人不愛己」，「殺盜非殺人也」，此惑於用名以亂名者也。驗之所以爲有名而觀其孰行，則能禁之矣。「山淵平」，「情欲寡」，「芻豢不加甘，大鐘不加樂」，此惑於用實以亂名者也。驗之所緣無以同異而觀其孰調，則能禁之矣。「非而謁楹，有牛馬非馬也」，此惑於用名以亂實者也。驗之名約，以其所受悖其所辭，則能禁之矣。凡邪説辟言之離正道而擅作者，無不類於三惑者矣。故明君知其分而不與辨也。

【译文】

「受到侮辱而不以为耻辱」，「圣人不爱自己」，「杀死盗贼不是杀人」，这都是由于使用名词的混乱以致搞乱了名的用法。用为什么要创造语言的道理去检验，看看它在哪儿能行得通，就能够禁止这些说法了。「高山和深渊一样平」，「人的本性是情欲很少」，「吃肉并不一定更香甜，钟声不一定更悦耳」，这些说法都是因为把实际的语言用处搞错后，同时也弄乱了名。用为什么要用不同的名称来区别事物的道理来看，并且观察语言的使用是否能协调事物之间的关系，就能禁止这些说法了。「飞箭经过柱子并不说明停止，有牛马但它不是马」，这是由于不懂得使用语言的意义而搞乱了事实。用约定俗成的语言学原则来检验，用他们所能接受的观点去反驳他们的逻辑，就能禁止这些说法了。凡是背离了正确的语言学原则而擅自炮制邪说怪论的，无不与这三种混乱的说法类似。所以，圣明的君主明白自己的身份，是不会去和他们争辩的。

【原文】

夫民易一以道而不可與共故，故明君臨之以埶，道之以道，申之以命，章之以論，禁之以刑。故其民之化道也如神，辨埶惡用矣哉？今聖王没，天下亂，姦言起。君子無埶以臨之，無刑以禁之，故辨説也。實不喻然後命，命不喻然後期，期不喻然後説，説不喻然後辨。故期、命、辨、説也者，用之大文也，而王業之始也。名聞而實喻，名之用也；累而成文，名之麗也。用、麗俱得，謂之知名。名也者，所以期累實也；辭也者，兼異實之名以論一意也。辨説也者，不異實名以喻動静之道也。期命也者，辨説之用也。辨説也者，心之象道也。心也者，道之工宰也。道也者，治之經理也。心合於道，説合於心，辭合於説，正名而期，質請而喻；辨異而不過，推類而不悖，聽則合文，辨則盡故。以正道而辨姦，猶引繩以持曲直，是故邪説不能亂，百家無所竄。有兼聽之明而無奮矜之容，有兼覆之厚而無伐

德之色。説行則天下正，説不行則白道而冥窮，是聖人之辨説也。《詩》曰：「顒顒卬卬，如珪如璋，令聞令望。豈弟君子，四方爲綱。」此之謂也。

【译文】

用正道治理民众容易，却不可和他们共享之所以治理的道理。圣明的君主利用权势统治民众，用正道引导民众，用命令申告民众，用论说晓喻民众，用刑法禁止民众。因此其治下的民众在正道的教化下对他敬若神明，哪还用得着说什么所以然呢？现在，圣明的帝王死了，天下混乱，奸邪的学说产生了。君子没有权势去治民，没有刑罚去禁民，所以只得辩论、解释。实事不明，就去命名；命名不懂，就来约定；约定不懂，只得解释；解释不清，只有辩论。所以，约定、命名、辩论、解释之类的，是语言应用中的大概念，也是帝王大业的起点。一听到名言就知道要干啥，这是语言的大用处；把词汇连系成文章，这是词汇的巧配合。大用处和巧配合都做到了，称之为语言精通。人们之所以用语言，是为了联系到实事；修饰语言，是为了用不同事物的观念来阐释同一个意思。辩论和解释，是为了通过名实的相符来阐明动静是非之道。约定和命名，是为辩论和解释提供方便。辩论和解释，是心灵对大道认知的表述。心灵，是大道最好的主宰。大道，是政治的永恒法则。思想符合大道，解释表达了思想，言词圆满了解释。名称正确并互相约请，情感质朴而明白晓畅；辨别不同的事物不失误，推论类似的事物而不悖理；倾听过后就入礼法，辩论时也能说清个所以然。用纯正的大道辨别奸邪，就像拉出墨线来判别曲直一样，于是乎奸邪的学说不再能混淆视听，百家之怪论无处躲藏。有兼听的明智，而无趾高气扬、骄傲自大之态；有兼容并包的宽宏大量，而没有自夸自美之色。学说付诸实行，就会天下平正；学说不能付诸实行，就默默无闻而隐姓埋名。这就是圣人的辩论与解释。《诗经》上说：「态度温顺志高昂，品德如珪又如璋，美好声誉有名望。和乐平易的君子啊，天下拿他作榜样。」讲的就是这种情况。

【原文】

辭讓之節得矣，長少之理順矣。忌諱不稱，祆辭不出，以仁心説，以學心聽，以公心辨。不動乎衆人之非譽，不治觀者之耳目，不賂貴者之權埶，不利傳辟者之辭，故能處道而不貳，吐而不奪，利而不流，貴公正而賤鄙爭，是士君子之辨説也。《詩》曰：「長夜漫兮，永思騫兮。大古之不慢兮，禮義之不愆兮，何恤人之言兮？」此之謂也。

【译文】

谦让的礼节做到了，长幼的人伦和顺了。忌讳的话不乱说，奇谈怪论不出口，用仁爱之心去解释，用求学之心去倾听，用公正之心去辩论。不因众人的非议、赞誉而动摇，不修饰辩辞来哗众取宠，不请客送礼去买通高贵者的权势，不喜好传播邪说者的言辞。所以能立身正道而不三心二意，大胆发言而不会轻易改变观点，言辞流利而不放荡胡说，崇尚公正而鄙视庸俗粗野。这

是士君子的辩论与解释。《诗经》上说：「长夜漫漫呀漫无边，深长反省啊有无缺点？上古传下的大道呀不敢怠慢，礼义上的事千万不能有过犯，那又何必担忧谁说长来谁道短？」讲的就是这种情况。

【原文】

君子之言，涉然而精，俛然而類，差差然而齊。彼正其名，當其辭，以務白其志義者也。彼名辭也者，志義之使也，足以相通則舍之矣；苟之，姦也。故名足以指實，辭足以見極，則舍之矣。外是者謂之訒，是君子之所棄，而愚者拾以爲己寶。故愚者之言，芴然而麤，嘖然而不類，誻誻然而沸。彼誘其名，眩其辭，而無深於其志義者也。故窮藉而無極，甚勞而無功，貪而無名。故知者之言也，慮之易知也，行之易安也，持之易立也，成則必得其所好而不遇其所惡焉。而愚者反是。《詩》曰：「爲鬼爲蜮，則不可得，有靦面目，視人罔極。作此好歌，以極反側。」此之謂也。

【译文】

君子的言论，深刻而又精辟，近人情而有法度，错落有致而旨归齐一。他们校正事物的名称，选择得体的措辞，以此来阐明自己的思想学说。那些名称、辞句，是思想、学说的使者，能用来传情达意就可以了；但如果使用语言不严肃，就是一种邪恶。所以，语言能传情达意，遣

词造句能抓住要领，就可以了。不懂这些实用知识的人语言迟钝，此为君子所不为，但愚钝者却拣来当宝贝。所以愚钝者的言论，恍惚而粗陋，叽叽喳喳不合度，啰里啰唆，弄得人声鼎沸。他们喜欢使用煽动性的语言，花里胡哨，眼花缭乱，而他的思想、学说却毫无深意。他们卖力地搬弄辞藻却没个主旨，弄得自己很累却劳而无功，贪求声名却名声扫地。而那些智者的言论，思考的问题好理解，照着做了人心安，坚持下去，可以立身处世。这些人一旦成功，就会真正有收益而不会弄巧成拙，受害受辱。可是，愚蠢的人却似乎总是与此相反。《诗经》上说：「你像鬼魂呀像短狐，让人无法看清楚；你的面目真丑陋，给人总是看不透。作首好歌大家唱，揭穿你的反复无常。」讲的就是这种人。

【原文】

凡語治而待去欲者，無以道欲而困於有欲者也。凡語治而待寡欲者，無以節欲而困於多欲者也。有欲無欲，異類也，生死也，非治亂也。欲之多寡，異類也，情之數也，非治亂也。欲不待可得，而求者從所可。欲不待可得，所受乎天也；求者從所可，受乎心也。所受乎天之一欲，制於所受乎心之多，固難類所受乎天也。人之所欲，生甚矣；人之所惡，死甚矣。然而人有從生成死者，非不欲生而欲死也，不可以生而可以死也。故欲過之而動不及，心止之也。心之所可中理，則欲雖多，奚傷於治！欲不及而動過之，心使之

也。心之所可失理，則欲雖寡，奚止於亂！故治亂在於心之所可，亡於情之所欲。不求之其所在，而求之其所亡，雖曰我得之，失之矣。

性者，天之就也；情者，性之質也；欲者，情之應也。以所欲爲可得而求之，情之所必不免也。以爲可而道之，知所必出也。故雖爲守門，欲不可去，性之具也。雖爲天子，欲不可盡。欲雖不可盡，可以近盡也；欲雖不可去，求可節也。所欲雖不可盡，求者猶近盡；欲雖不可去，所求不得，慮者欲節求也。道者，進則近盡，退則節求，天下莫之若也。

凡人莫不從其所可，而去其所不可。知道之莫之若也，而不從道者，無之有也。假之有人而欲南無多，而惡北無寡。豈爲夫南者之不可盡也，離南行而北走也哉？今人所欲無多，所惡無寡，豈爲夫所欲之不可盡也，離得欲之道而取所惡也哉？故可道而從之，奚以損之而亂？不可道而離之，奚以益之而治？故知者論道而已矣，小家珍説之所願皆衰矣。

【译文】

凡是谈论治国之道则要去除人们欲望的，是没办法引导欲望而被人的欲望难住了的人。凡是谈论治国之道则要减少人们欲望的，是没办法节制欲望而被过多的欲望难住了的人。有欲望和没欲望，指谓是不同类的，是活人和死人的区别，这都和国家的安定、动乱无关。欲望多少，也是指谓不同类的事物，欲望是人性之必然，这也和国家的安定、动乱无关。人的欲望并不待所欲之物可得之时才产生，但追求欲望满足的人却总是认为有可能得到。欲望并不待所欲之物可得才产生，这是与生俱来的秉赋；追求欲望满足的人总是认为有可能得到，这发自内心。天赋的第一种欲望，都受制于内在的诸多思虑，人于是乎再也找不到哪一种欲望是真正的天赋本性了。人们最重要的欲望，莫过于生存本能；人们最害怕的，莫过于死亡的渐临。但是有的人却可以舍生忘死，这并非人不想活而想死，而是因为有时候人没办法有尊严地活而只能死。所以，当人们欲望太过而行为不逮之时，内心就限制某些欲望。如果人心中的欲望合情合理，那么欲望即使很多，对国家的治理又会有何妨害呢？有的人期望不高却行动勤勉敏捷，这是受内在的本能所驱使。人心中的欲望违背常理，那么欲望即使很少，又哪能防止国家的动乱呢？所以国家的治理取决于人们欲望的是否合情合理，而国家的覆亡来源于人们有太多不合情理的欲望。不看欲望是否合情合理而只是奢谈欲望的有无和多寡，这是不懂治理而自取灭亡。虽然自吹说我懂得了国家的治理，其实他是什么也没有弄懂。

本性，是天然造就的；情感，是本性的内心感受；欲望，是情感对外物的刺激反应。认为欲望可以满足而去追求，这是必然的情不可免的事情。认为一可欲之事可行就径直做去，这是人的心智必定会作出的选择。所以，即使是卑贱的看门人，你也无法去除他的欲望，因为这是人的天性所固有的。即使是高贵的天子，也无法满足他的全部欲望；欲望虽然不可能全部满足，

却可以最大限度地去接近；欲望虽然不可能都去除，但人的追求却是可以节制的。欲望虽然不可能全部满足，追求的人还是可以最大限度地去接近它；欲望虽然不可能都去除，但如果追求不到，人的心智就会考虑节制自己的追求。真正的道理是这样的：进则可以接近于使欲望完全满足，退则可以节制自己的欲望、追求，天下没有比这更正确的道理了。

所有的人无不遵循自己所赞同的价值观而背离自己所反对的价值观。懂得正道是最高的价值追求而又不遵循正道，这种人是没有的。假如有人想到南方去，他会不顾路有多远；如果讨厌去北方，他会不管路有多近。他难道会因为向南的路永无尽头就不努力向南就离南而去了北吗？既然人们想要得到，就不要在乎他想的有多么多；既然人们都厌恶，就不要在乎它有多么少。人们难道会因为那欲得的是无限的多，就离开欲望而去追求他所厌恶的东西吗？所以，如果人们赞同正道的价值而遵循它，我们又有什么办法来减损它从而导致国家的动乱呢？如果人们不赞同正道而背离它，我们又有什么办法来增益它从而达到国家的安定呢？所以，明智的人只要讲求正道就是了，那些渺小的学派及其所追求的奇谈怪论，都会因我们的这种努力而衰微下去。

【原文】

凡人之取也，所欲未嘗粹而來也；其去也，所惡未嘗粹而往也。故人無動而不可以不與權俱。衡不正，則重縣於仰而人以爲輕，輕縣於俛而人以爲重，此人所以惑於輕重也。權不正，則禍託於欲而人以爲福，福託於惡而人以爲禍，此亦人所以惑於禍福也。道者，古今之正權也；離道而內自擇，則不知禍福之所託。

易者以一易一，人曰無得亦無喪也；以一易兩，人曰無喪而有得也；以兩易一，人曰無得而有喪也。計者取所多，謀者從所可。以兩易一，人莫之爲，明其數也。從道而出，猶以一易兩也，奚喪？離道而內自擇，是猶以兩易一也，奚得？其累百年之欲，易一時之嫌，然且爲之，不明其數也。

【译文】

大凡人们想要争取什么，想要的东西从来不可能完全地得到；人们想要舍弃什么，所厌恶的东西也从来不会完全抛弃。所以不管人们怎样行动，都不能不反复掂量。掂量的秤不准，重东西挂上去也会使秤杆翘起来，这样人就把它看成是轻的；轻东西挂上去秤杆往下垂，人就把它看成是重的；这就会使人们对轻重利弊的权衡发生迷惘。衡量行为的准则不正确，灾祸就借助人的欲望而来，人们不知底里，还会把行为过程当幸福；幸福往往就在你不愿意做的行为过程之中，而人们却往往把它当灾祸；这也就使得人们往往在祸福之间发生迷惑。道，它从古到今都是正确的衡量行为的标准；离开道这个标准而在心里妄自抉择，那就会弄不清到底什

么是祸什么是福，灵魂无所依凭了。

在交换过程中，以一换一，人们就会说：没占便宜也没吃亏；以一换二，人们就会说：没吃亏而占了便宜；以二换一，人们就会说：没占着便宜吃了亏。善于计算的人选择数量上的多，善于谋划的人追求事情的可行性。以二换一，没有人会愿意干，因为大家都懂得一些数学道理。遵循正道而行动，就好像以一换二一样，哪会有什么损失呢？远离正道而在内心安自抉择，这就好像以二换一，你会得到什么呢？人们用长时间压抑着的欲望，去换取一点暂时的满足，然而还总是去做，实在是不懂得像数目字那样简单的大道理呀！

【原文】

有嘗試深觀其隱而難其察者，志輕理而不重物者，無之有也；外重物而不內憂者，無之有也。行離理而不外危者，無之有也；外危而不內恐者，無之有也。心憂恐，則口銜芻豢而不知其味，耳聽鐘鼓而不知其聲，目視黼黻而不知其狀，輕煖平簟而體不知其安。故嚮萬物之美而不能嗛也，假而得問而嗛之，則不能離也。故嚮萬物之美而盛憂，兼萬物之利而盛害。如此者，其求物也，養生也？粥壽也？故欲養其欲而縱其情，欲養其性而危其形，欲養其樂而攻其心，欲養其名而亂其行。如此者，雖封侯稱君，其與夫盜無以異；乘軒戴絻，其與無足無以異。夫是之謂以己爲物役矣。

心平愉，則色不及傭而可以養目，聲不及傭而可以養耳，蔬食菜羹而可以養口，麤布之衣、麤紃之履而可以養體，屋室廬庾、葭稾蓐、尚机筵而可以養形。故無萬物之美而可以養樂，無埶列之位而可以養名。如是而加天下焉，其爲天下多，其和樂少矣，夫是之謂重己役物。

無稽之言，不見之行，不聞之謀，君子慎之。

【译文】

我曾经尝试深入观察那隐蔽而难以揣摩的人类心理。心轻道义而不看重物欲的，没有的事；看重外在的物质利益而内在不焦虑的，也是没有的事。行违道义而不心惊肉跳的，没有的事；遇到危险而不感恐惧的，也是没有的事。心忧而恐惧的人，即使嘴里吃着牛羊猪狗之肉也感觉不到滋味，耳朵听着钟鼓之音也不感到动听，眼睛看着锦衣刺绣也不觉得好看，身着细软安坐竹席也感觉不到舒适。所以，即使享尽世间美好之物也仍然是难以满足的；即使得到一时的满足，也还是满心忧恐而不得安生。享尽世间美好之物却仍然忧患不安，占尽各种利益却仍然饱受伤害。这样的人，他追求物质利益究竟是要保养生命还是在伤害生命呢？想满足欲望却只放纵了情欲，要保养生命反倒伤害了自己，想增加乐趣却侵害了心灵，想爱护名节却在那里胡作非为。像这样的人，即使封为诸侯，南面称君，他和盗贼也还是差不到哪儿去；戴着礼帽

坐轩车，他仍然和砍了脚的罪人没什么不同。这就叫做把自己弄成物欲的奴隶了！

心境平静愉快，那么颜色就是不如一般的，也可以用来调养眼睛；声音就是不如一般的，也可以用来调养耳朵；粗饭、菜羹，也可以用来调养口胃；粗布做的衣服、粗麻绳编制的鞋子，也可以用来保养身躯；狭窄的房间、芦苇做帘子、芦苇稻草做的草垫子、破旧的几桌竹席，也可以用来保养体态容貌。所以，虽然没有享受到万物中美好的东西而仍然可以用来培养乐趣，没有权势封爵的地位而仍然可以用来提高名望。像这样而把统治天下的权力交给他，他就会为天下操劳得多，为自己的享乐考虑得少了，这就叫做看重自己而役使外物。

无根据的说法，没体验的行为，说不清的计谋，君子要谨慎对待呀！

性惡篇第二十三

【原文】

人之性惡，其善者僞也。

今人之性，生而有好利焉，順是，故爭奪生而辭讓亡焉；生而有疾惡焉，順是，故殘賊生而忠信亡焉；生而有耳目之欲，有好聲色焉，順是，故淫亂生而禮義文理亡焉。然則從人之性，順人之情，必出於爭奪，合於犯分亂理而歸於暴。故必將有師法之化，禮義之道，然後出於辭讓，合於文理，而歸於治。用此觀之，然則人之性惡明矣，其善者僞也。

【译文】

人的本性是邪恶的，人的善良的行为是人为的。

人的本性，天生就有喜爱财利的一面，顺着人性发展，就会产生争抢掠夺的行为，这样，推辞谦让的行为也就消失了；人天生就有妒忌憎恨的心理，依着这种心理，就会产生残杀陷害的行为，这样，忠诚守信的行为也就消失了；人天生有耳朵有眼睛，耳朵喜欢音乐，眼睛喜欢美女，依着这种本能，就会产生淫荡混乱的行为，这样，礼义法度也就消失了。如果放纵人的本性，顺从人的情欲，人与人之间就一定会出现争抢掠夺，一定会向违犯等级名分、扰乱礼义法度的方向发展，最终走向暴力并导致社会秩序的动荡不安。所以，社会一定要有了师长和法度的教化，礼义的引导，然后人才会推辞谦让，遵守礼法，最终走向社会秩序的稳定和睦。

由此看来，人的本性邪恶是很明显的了，人的善良行为是人为的。

【原文】

故枸木必將待檃栝、烝、矯然後直，鈍金必將待礱、厲然後利。今人之性惡，必將待師法然後正，得禮義然後治。今人無師法則偏險而不正，無禮義則悖亂而不治。古者聖王以人之性惡，以爲偏險而不正，悖亂而不治，是以爲之起禮義，制法度，以矯飾人之情性而正之，以擾化人之情性而

導之也。始皆出於治，合於道者也。今之人，化師法，積文學，道禮義者爲君子；縱性情，安恣睢，而違禮義者爲小人。用此觀之，然則人之性惡明矣，其善者，僞也。

【译文】

所以，弯曲的木料一定要依靠檃栝矫正之后才能变直；钝了刃的金属器具一定要依靠磨砺，然后才能变得锋利。人的本性邪恶，所以，人一定要依靠师长的法度教化才能行为端正，社会要得到礼义的引导才能有秩序。人们没有师长和法度，就会偏邪险恶而行为不端；社会没有礼制道义，就会犯上作乱而不守规矩。古代的圣王正是因为人的本性邪恶，认为人会偏邪险恶而行为不端、犯上作乱而破坏社会秩序，这才为人们建立了礼义，制定了法度。他们用礼义法度来强行整治人们的性情，使他们行为端正；用礼义法度来驯服感化人们的性情，引导人们走向文明。圣王的本意都是为了人们能够遵守社会秩序，使人们的行为符合正确的道德原则。现在的人，如果能够接受师长的教化并遵循法度，学习文献，积累知识，遵行礼制，恪守道义，那么他就是君子；如果纵情任性，习惯于放荡恣肆而违反礼制道义，那么他就是小人。由此看来，人的本性邪恶就很明显了，人的善良行为是人为的。

【原文】

孟子曰：「人之學者，其性善。」

曰：是不然。是不及知人之性，而不察乎人之性、僞之分者也。凡性者，天之就也，不可學，不可事。禮義者，聖人之所生也，人之所學而能，所事而成者也。不可學、不可事而在人者謂之性，可學而能、可事而成之在人者謂之僞；是性、僞之分也。今人之性，目可以見，耳可以聽。夫可以見之明不離目，可以聽之聰不離耳。目明而耳聰，不可學明矣。

孟子曰：「今人之性善，將皆失喪其性故也。」

曰：若是，則過矣。今人之性，生而離其朴，離其資，必失而喪之。用此觀之，然則人之性惡明矣。

所謂性善者，不離其朴而美之，不離其資而利之也。使夫資朴之於美，心意之於善，若夫可以見之明不離目，可以聽之聰不離耳，故曰目明而耳聰也。

今人之性，飢而欲飽，寒而欲煖，勞而欲休，此人之情性也。今人飢，見長而不敢先食者，將有所讓也；勞而不敢求息者，將有所代也。夫子之讓乎父，弟之讓乎兄；子之代乎父，弟之代乎兄。此二行者，皆反於性而悖於情也。然而孝子之道，禮義之文理也。故順情性則不辭讓矣，辭讓則悖於情性矣。

用此觀之，然則人之性惡明矣，其善者僞也。

【译文】

孟子说：「人们要学习的，是他善良的本性。」

在我看来，这是不对的。这种说法不仅说明他还没能了解人的本性，而且也不懂得人的先天本性和后天人为之间的区别。所谓本性，就是天然造就，不可能学到，也不可能人为做作的。礼义是圣人创造的，是人们通过学习才能懂得，努力从事才能做到的。人不能通过学习获得，不可能人为造作的东西，称之为本性；人可以通过学习获得，努力从事就可能做到的，称之为人为；这就是先天本性和后天人为的区别。人的本性，眼睛可以用来看，耳朵可以用来听。可以用来看东西的视力离不开眼睛，可以用来听声音的听力离不开耳朵。眼睛的视力和耳朵的听力不可能通过学习而得到，这已经很清楚了。

孟子说：「人的本性善良，作恶是因为他们全都丧失了自己的本性。」

我认为：这样的说法，是搞错了。如果人性天生就脱离了自己的材质，离开自己的凭借，那就一定会丧失所谓的本性。由此看来，人的本性邪恶，就已经很明显了。

所谓本性善良，如果说的是不离人的材质而美好，不离人的凭借而有用，那么，说人的材质本来就美好，心意本来就善良，那只不过是说，人眼原本有视力，人耳原本有听力，所以可以说眼睛是明亮的，耳朵是聪明的。

人的本性，饿了就想吃饱，冷了就想穿暖，累了就想休息。这是人天生的情欲和本性。人饿了，看见父亲兄长在跟前，因而不敢先吃，是因为要有所谦让；人累了，看见父亲兄长在跟前，因而不敢要求休息，是因为要有所代劳。儿子对父亲谦让，弟弟对哥哥谦让；儿子代替父亲操劳，弟弟代替哥哥操劳。这两种德行，都是违反本性而背离情欲的。但是孝子的原则、礼义的制度，是有这么一个道理。所以，如果依着情欲本性，人们就不会推辞谦让；如果人们推辞谦让，那是违背情欲本性了。

由此看来，人的本性邪恶，就已经很明显了，人的善良行为是人为的。

【原文】

問者曰：「人之性惡，則禮義惡生？」

應之曰：凡禮義者，是生於聖人之僞，非故生於人之性也。故陶人埏埴而爲器，然則器生於工人之僞，非故生於人之性也。故工人斲木而成器，然則器生於工人之僞，非故生於人之性也。聖人積思慮，習僞故，以生禮義而起法度，然則禮義法度者，是生於聖人之僞，非故生於人之性也。若夫目好色，耳好聲，口好味，心好利，骨體膚理好愉佚，是皆生於人之情性者也，感而自然，不待事而後生之者也。夫感而不能然，必且待事而後然者，謂之生於僞。是性、僞之所生，其不同之徵也。故聖人化性而起僞，

僞起而生禮義，禮義生而制法度。然則禮義法度者，是聖人之所生也。故聖人之所以同於衆，其不異於衆者，性也；所以異而過衆者，僞也。夫好利而欲得者，此人之情性也。假之人有弟兄資財而分者，且順情性，好利而欲得，若是，則兄弟相拂奪矣；且化禮義之文理，若是則讓乎國人矣。故順情性則弟兄爭矣，化禮義則讓乎國人矣。

【译文】

有人会问：「人的本性邪恶，那么礼义从哪里产生呢？」

我回答说：所有的礼义，都产生于圣人的人为努力，不是首先产生于人的本性。陶匠搅揉黏土制成陶器，陶器产生于陶匠的人为努力，而不是首先产生于人的本性。木工砍削木材制成木器，木器产生于木工的人为努力，而不是首先产生于人的本性。圣人深思熟虑，熟悉人为努力的缘起，从而创造了礼义而建立法度，礼义法度，产生于圣人的人为努力，而不是首先产生于人的本性。至于眼睛爱美色，耳朵好音乐，嘴爱吃美味，内心喜好财富利益，身体喜欢舒适安逸，这都产生于人的本性，一有感觉就自然形成，不依赖人为努力而形成的东西。那些感觉到了而并不随感觉产生出来，一定要通过努力然后才能形成的东西，我们说它产生于人为。这是先天本性和后天人为所产生的东西以及它们之间的不同特征。圣人克制本性而进行人为努力，人为努力产生了礼义，礼义产生后制定法度。所以，礼义法度是圣人所创造的。圣人和众人之所以相同，而和众人没什么不同的地方，是人的先天本性；圣人和众人之所以不同而又超过众人的地方，是人的后天努力。喜爱财富利益并且希望得到它，这是人的本能性情。假如弟兄俩之间有要分的财产，并且根据人的性情，他们都喜爱财富利益并且希望得到它，那么兄弟之间也会反目为仇而互相争夺；如果根据礼义规范的教化，那就会在不相识的国人之间也相互推让。所以，如果根据人的本性，兄弟间也会相争夺；如果根据礼义教化，不相识的国人之间也会相互推让。

【原文】

凡人之欲爲善者，爲性惡也。夫薄願厚，惡願美，狹願廣，貧願富，賤願貴，苟無之中者，必求於外；故富而不願財，貴而不願執，苟有之中者，必不及於外。用此觀之，人之欲爲善者，爲性惡也。

今人之性，固無禮義，故彊學而求有之也；性不知禮義，故思慮而求知之也。然則生而已，則人無禮義，不知禮義。人無禮義則亂，不知禮義則悖。然則生而已，則悖亂在己。用此觀之，人之性惡明矣，其善者僞也。

【译文】

一般地说，人们想行善，是为了满足本性的恶欲。贫瘠的希望丰厚，丑陋的希望漂亮，逼仄的希望宽阔，穷困的希望富裕，卑贱的希望高贵，如果他还没有获得自己想要得到的，一定会向

外追求。所以，富人不羡慕钱财，显贵不觊觎权势，人如果已经获得了自己想要得到的，就不会再到外面去追求。由此看来，人们想行善，是为了满足本性的恶欲。

人的本性中本来没有什么礼义观念，所以才会去学习并力求掌握它；人的本性不懂礼义，所以才前思后想并力求理解它。但是没有办法，人天生就是这样的，人天生没有礼义，天生不懂得礼义。人如果没有礼义，社会秩序就会混乱无序，人如果不懂礼义，他的行为就会悖逆不道。然而人天生就是这样的。如果人只靠那一点天生的本性，他的行为也就只能是迕逆背道，犯上作乱了。

由此看来，人的本性邪恶，就已经很明显了，人的善良行为是人为的。

【原文】

孟子曰：「人之性善。」

曰：是不然。凡古今天下之所謂善者，正理平治也；所謂惡者，偏險悖亂也。是善惡之分也已。今誠以人之性固正理平治邪，則有惡用聖王，惡用禮義矣哉？雖有聖王禮義，將曷加於正理平治也哉？今不然，人之性惡。故古者聖人以人之性惡，以爲偏險而不正，悖亂而不治，故爲之立君上之執以臨之，明禮義以化之，起法正以治之，重刑罰以禁之，使天下皆出於治，合於善也。是聖王之治，而禮義之化也。今當試去君上之執，無禮義之化，去法正之治，無刑罰之禁，倚而觀天下民人之相與也，若是，則夫彊者害弱而奪之，衆者暴寡而譁之，天下之悖亂而相亡不待頃矣。用此觀之，然則人之性惡明矣，其善者僞也。

【译文】

孟子说：「人的本性是善良的。」

叫我说，这不对。从古到今，普天之下，所谓的善行，是行端理顺、安定有序的意思；所谓的恶行，是偏邪险恶、悖逆作乱的意思。有序和混乱，是区分善行和恶行的意义所在。如果真的认为人性本来就行端理顺，安定有序吧，那又为什么需要圣王，哪里用得着礼义呢？即使有了圣王和礼义，对于行端理顺、安定有序的人性来说，又有什么意义呢？其实并非如此，人性是邪恶的。正是因为古圣人认为人性邪恶，人性偏邪险恶而行为不端，悖逆作乱而不守秩序，所以才为人类社会确立了君主的权势，以便统治这些人，彰明礼义去教化这些人，发明法治去管理这些人，加重刑罚去限制这些人，使天下人都遵守秩序，努力向善。这就是圣王的治理和礼义的教化所要达到的目的。现在如果我们尝试着剥夺君主的权势，放弃礼义的教化，废除法律的控制，抛弃刑罚的禁令，站在一边观看天下民众自然形成的社会关系，那会怎么样呢？就会出现强者侵害弱者，掠夺弱者的现象，就会出现多数派欺凌压制少数派，天下哗然大乱的丛林现象，天下人会一起悖逆作乱，国破家亡，相互攻杀，用不了多长的时间人类就完蛋了。

由此看来，人的本性邪恶，就已经很明显了，人的善良行为是人为的。

【原文】

故善言古者必有節於今，善言天者必有徵於人。凡論者，貴其有辨合，有符驗。故坐而言之，起而可設，張而可施行。今孟子曰「人之性善」，無辨合符驗，坐而言之，起而不可設，張而不可施行，豈不過甚矣哉？故性善則去聖王，息禮義矣；性惡則舉聖王，貴禮義矣。故檃栝之生，爲枸木也；繩墨之起，爲不直也；立君上，明禮義，爲性惡也。

用此觀之，然則人之性惡明矣，其善者僞也。

直木不待檃栝而直者，其性直也；枸木必將待檃栝、烝、矯然後直者，以其性不直也。今人之性惡，必將待聖王之治，禮義之化，然後皆出於治，合於善也。

用此觀之，然則人之性惡明矣，其善者僞也。

【译文】

善于论证古代的人，一定对现实生活有观察；善于讨论天道的人，一定在社会生活有应验。凡是参加学术讨论的人，可贵的地方在于有分析有综合，有对证有检验。所以，坐着讨论的事，站起来就可以进行部署安排，推而广之都能够得到落实施行。

现在孟子说「人的本性善良」，却不能有对证有检验，坐着谈论人性善，站起来人们无从下手，推而广之也无法落实施行，这难道不是错得很离谱吗？如果人的本性善良，就会不再需要圣王，也可以取消礼义了；如果人的本性邪恶，那就会推举圣王、崇尚礼义了。正木机的产生，是因为有弯曲的木料要矫正；墨斗线绳的出现，是因为有弯曲的东西要校准；设立君主、提倡礼义，是因为人的本性邪恶有待整治。

由此看来，人的本性邪恶，就已经很明显了，人的善良行为是人为的。

直挺挺的木料不需要正木机来弄直它，因为它天性就直。弯曲的木料一定要靠正木机，通过熏蒸矫正后才变直，因为它天性不直。人的本性邪恶，一定要依靠圣王来治理，需要礼义来教化，然后人们才可能不得不从遵守社会秩序的需要出发，一起努力向善。

由此看来，人的本性邪恶，就已经很明显了，人的善良行为是人为的。

【原文】

問者曰：「禮義積僞者，是人之性，故聖人能生之也。」

應之曰：是不然。夫陶人埏埴而生瓦，然則瓦埴豈陶人之性也哉？工人斲木而生器，然則器木豈工人之性也哉？夫聖人之於禮義也，辟則陶埏而生之也，然則禮義積僞者，豈人之本性也哉？凡人之性者，堯、舜

之與桀、跖，其性一也；君子之與小人，其性一也。今將以禮義積僞爲人之性邪，然則有曷貴堯、禹，曷貴君子矣哉？凡所貴堯、禹、君子者，能化性，能起僞，僞起而生禮義。然則聖人之於禮義積僞也，亦猶陶埏而生之也。

用此觀之，然則禮義積僞者，豈人之性也哉？所賤於桀、跖、小人者，從其性，順其情，安恣睢，以出乎貪利爭奪。故人之性惡明矣，其善者僞也。

【译文】

有人问：「礼义是积累人为因素而制定的，因为人为也是人的本性，所以圣人才能创造出礼义来。」

我可这样来回答：这不对。制陶人搅揉黏土，因而产生出瓦器，那么把黏土制成瓦器难道是陶工的人性么？木工砍削木材，因而造出木器，那么把木材制成木器难道是木工的人性么？圣人对于礼义，打个比方说，就像陶工搅揉黏土造出瓦，他们积累人为因素而制定礼义，难道这就是他的人性了么？凡是人的本性，不管是圣明的尧、舜还是残暴的桀、跖，他们的本性都是一样的；有德行的君子和行为不端的小人，他们的本性也是一样的。如果把积累人为因素而制成礼义当成人性，那么又为什么要推崇尧、禹，为什么要推崇君子呢？一般说来，人们所以要推崇尧、禹和君子，是因为他们能克制自己的本能，能作出人为的努力，人为努力的结果就产生了礼义。这样说来，圣人积累人为因素制礼义，正像是陶工搅揉黏土造瓦当一样。

由此看来，积累人为因素制礼义，哪里是人的本性呢？人们之所以鄙视桀、跖和小人，是因为他们放纵自己的本能，顺任自己的情欲，习惯于放荡恣肆，以至于贪图财利，争抢掠夺。所以，人的本性邪恶，这已经是很明显的了，人的善良行为是人为的。

【原文】

天非私曾、騫、孝已而外衆人也，然而曾、騫、孝已獨厚於孝之實而全於孝之名者，何也？以綦於禮義故也。天非私齊、魯之民而外秦人也，然而於父子之義，夫婦之別，不如齊、魯之孝具敬父者，何也？以秦人之從情性，安恣睢，慢於禮義故也。豈其性異矣哉？

【译文】

上天并不是偏袒曾参、闵子骞和孝已而抛弃了别的大多数人，但是却只有曾参、闵子骞和孝已他们，丰富了孝道的内容，成全了孝子的名声，这是为什么呢？因为他们竭尽全力地奉行了礼制道义。上天并不是偏袒齐国、鲁国人而抛弃了秦国人，但是，在父子之间的礼义和夫妻之间的区别上，秦国人不像齐国和鲁国人那样孝顺恭敬、严肃有别，这是为什么呢？因为秦国人纵情任性，习惯于放荡恣肆，对礼义制度有点漫不经心。哪里是齐、鲁人和秦国人在人性上有什么不同呢？

【原文】

「塗之人可以爲禹」，曷謂也？

曰：凡禹之所以爲禹者，以其爲仁義法正也。然則仁義法正有可知可能之理，然而塗之人也，皆有可以知仁義法正之質，皆有可以能仁義法正之具，然則其可以爲禹明矣。今以仁義法正爲固無可知可能之理邪？然則唯禹不知仁義法正，不能仁義法正也。將使塗之人固無可以知仁義法正之質，而固無可以能仁義法正之具邪？然則塗之人也，且內不可以知父子之義，外不可以知君臣之正。不然。今塗之人者皆內可以知父子之義，外可以知君臣之正，然則其可以知之質，可以能之具，其在塗之人明矣。今使塗之人者，以其可以知之質，可以能之具，本夫仁義之可知之理，可能之具，然則其可以爲禹明矣。今使塗之人伏術爲學，專心一志，思索孰察，加日縣久，積善而不息，則通於神明，參於天地矣。故聖人者，人之所積而致矣。

【译文】

「走在路上的随便什么人都可以成为大禹」，这话怎么解释呢？

可以这样回答：一般说来，禹之所以成为禹，是因为他能遵行仁义法度。既然这样，仁义法度就是可以理解，可以做得到的。然而路上的普通人，也都有理解仁义法度的资质，都有遵行仁义法度的才能，这就说明他们可以成为大禹，这是非常明显的了。如果你认为仁义法度本来就不能理解，不能做到，那么，即使大禹不是也不能理解，不能做到么？如果说普通人本来没有理解仁义法度的资质，本来没有做到仁义法度的才能，那么普通人就会内不懂父子之间的礼义，外不懂君臣之间的法度。但实际上并不是这样的。现在普通人一个个内懂父子礼义，外懂君臣法度，于是，普通人都有理解仁义法度的资质，都有做到仁义法度的才能，也就再明白不过了。现在如果让普通人运用他们可以理解仁义的资质，使用他们可以做到仁义的才能，去掌握可以理解，可以做到的仁义，那么，他们都能成为大禹，也就很明显了。现在，如果让普通人信服道术，努力学习，专心致志，思虑周详，日复一日持之以恒，积德行善永不停息，那他们就也能通神明，参天地了。所以，圣人是普通人通过积德行善都能达到的。

【原文】

曰：「聖可積而致，然而皆不可積，何也？」

曰：可以而不可使也。故小人可以爲君子而不肯爲君子，君子可以爲小人而不肯爲小人。小人、君子者，未嘗不可以相爲也，然而不相爲者，可以而不可使也。故塗之人可以爲禹則然，塗之人能爲禹，未必然也。雖不能爲禹，無害可以爲禹。足可以偏行天下，然而未嘗有能偏行天下者

也。夫工匠、農、賈，未嘗不可以相爲事也，然而未嘗能相爲事也。用此觀之，然則可以爲，未必能也；雖不能，無害可以爲。然則能不能之與可不可，其不同遠矣，其不可以相爲明矣。

【译文】

有人说："圣人可以通过积德行善而达到，但普通人都不积德行善求做圣人，这是为什么呢？"

可以这样回答：可以做并不等于我们能迫使他做得到。小人可以成为君子却不肯做君子，君子可以成为小人而不愿做小人。小人和君子，未尝不可以相互对换，但是他们没有相互对换，正是因为可以做并不等于我们能迫使他做得到。所以说，路上的任何人都可以成为大禹，那是对的；但如果说路上的所有人都能够成为大禹，那就不一定对了。虽然不是所有人都能够成为大禹，但并不妨碍理论上人人可以成为大禹。脚可以走遍天下，但还没有见过走遍天下的人。工匠、农夫和商人，他们未尝不可以相互之间去干对方做着的事，但事实上他们却没有去干别的，而恰恰正好就干了现在正在干的。由此看来，可以做的，并不一定就是能做到的；即使不能做到，也并不妨碍他理论上可以做到。所以说，能不能和可不可，这两者之间的差别是很大的，它们二者之间千万不能搞混，这也应该很清楚。

【原文】

堯問於舜曰："人情何如？"

舜對曰："人情甚不美，又何問焉？妻子具而孝衰於親，嗜欲得而信衰於友，爵禄盈而忠衰於君。人之情乎！人之情乎！甚不美，又何問焉？唯賢者爲不然。"

【译文】

尧问舜说："人之常情是什么样子？"

舜回答说："人之常情很不好，这还用问吗？人一有妻子儿女，对父母的孝敬就越来越少；人的需要一满足，对朋友就会越来越不守信用；一旦有了高官厚禄，对君主的忠诚也就越来越少。人之常情啊！人之常情啊！很不好呀！这还用问吗？"只有贤德的人才不会这样吧。

【原文】

有聖人之知者，有士君子之知者，有小人之知者，有役夫之知者。多言則文而類，終日議其所以，言之千舉萬變，其統類一也，是聖人之知也。少言則徑而省，論而法，若佚之以繩，是士君子之知也。其言也諂，其行也悖，其舉事多悔，是小人之知也。齊給、便敏而無類，雜能、旁魄而無用，析速、粹孰而不急，不卹是非，不論曲直，以期勝人爲意，是役夫之知也。

【译文】

有圣人的智慧，有士君子的智慧，有小人的智慧，有为说而说者的智慧。话说得再多都合乎礼义法度，整天讨论礼义法度的来源，说起话来旁征博引，千变万化，但他的纲领法则却一以贯之，这是圣人的智慧。话说得直率而简单，条理清晰而有法度，就像用墨线绷出来的一样，这是士君子的智慧。他说话喜欢奉承讨好，他做事却和说的恰恰相反，做过了的事又经常后悔，这是小人的智慧。话说得周详而完备，既快又流利，但却不讲礼义法度；技能驳杂什么都会，但却广博玄远而无用；分析问题迅速快捷，遣词造句老练娴熟，虽不关紧要却能娓娓道来，有板有眼；不讲礼义法度的大是大非，不论伦理法律的正义邪恶，只是以胜人之口为快意，这是为说而说者的智慧。

【原文】

有上勇者，有中勇者，有下勇者。天下有中，敢直其身；先王有道，敢行其意；上不循於亂世之君，下不俗於亂世之民；仁之所在無貧窮，仁之所亡無富貴；天下知之，則欲與天下同苦樂之，天下不知之，則傀然獨立天地之間而不畏：是上勇也。禮恭而意儉，大齊信焉而輕貨財，賢者敢推而尚之，不肖者敢援而廢之：是中勇也。輕身而重貨，恬禍而廣解，苟免，不卹是非、然不然之情，以期勝人爲意：是下勇也。

【译文】

有上等的勇敢，有中等的勇敢，有下等的勇敢。天下有了中正之道，敢于挺身捍卫；古圣王的正道传下来，敢于贯彻执行它的精神原则；上不顺从乱世的君主，下不混同于乱世之中的乱民；在有仁德的国家不顾自己的贫穷困厄，在没有仁德的国家不愿只顾自己的富裕和高贵；天下的人理解他，就要和天下人同甘共苦；天下人不理解，就独立天地之间而无所畏惧：这是上等的勇敢。礼貌恭敬而心意俭约，重视中正诚信的道德而轻视货利钱财；若碰到贤能的人，他敢于推举崇尚，若碰到不肖小人，他敢于伸手把他拉下来，罢免掉：这是中等的勇敢。若碰到连自己的生命都满不在乎而只是重钱好利，轻易闯祸而又多方解脱，以求苟且偷生，逃避责任；不讲是非对错的实际情况，只以胜过别人为自己的最大愿望：这是下等的勇敢。

【原文】

繁弱、鉅黍，古之良弓也；然而不得排檠則不能自正。桓公之蔥，太公之闕，文王之禄，莊君之曶，闔閭之干將、莫邪、鉅闕、辟閭，此皆古之良劍也，然而不加砥厲則不能利，不得人力則不能斷。驊騮、騹驥、纖離、緑耳，此皆古之良馬也，然而前必有銜轡之制，後有鞭策之威，加之以造父之馭，然後一日而致千里也。夫人雖有性質美而心辯知，必將求賢師而事之，擇良友而友之。得賢師而事之，則所聞者堯、舜、禹、湯之道也；得良

友而友之，則所見者忠信敬讓之行也。身日進於仁義而不自知也者，靡使然也。今與不善人處，則所聞者欺誣詐僞也，所見者汙漫、淫邪、貪利之行也，身且加於刑戮而不自知者，靡使然也。傳曰：「不知其子視其友，不知其君視其左右。」靡而已矣！靡而已矣！

【译文】

繁弱、钜黍，是古代的良弓；然而得不到矫正，就不会自行平正。齐桓公的葱，齐太公的阙，周文王的禄，楚庄王的曶，吴王阖闾的干将、莫邪、钜阙、辟闾，这些都是古代的好剑；然而不加磨砺就不会锋利，不借助人力就不能断物。骅骝、骐骥、纤骊、騄駬，这些都是古代的良马；然而前面必须要有嚼子和缰绳的控制，后面要有鞭子的威胁，再加上造父对它们的驾驭，然后才能一日千里。人们虽然有美好的资质，而且有心灵的思维能力，但一定要找到贤能的老师去学习，选择德才兼备的朋友来交往。找到了好老师学习，听到的就是尧、舜、禹、汤的正道；选对了德才兼备的朋友交往，看到的就是忠诚守信恭敬谦让的行为；这样，自己就会不知不觉地一天天进入仁义的境界之中，这是因为外在的境遇使人习惯成自然的结果。如果总和德行不好的人在一起，听到的就尽是些欺骗造谣、诡诈说谎的话，看到的就尽是些污秽卑鄙、淫乱邪恶、贪财图利的事；这样，自己不由自主地就到了受刑罚遭杀戮的境地，这也是外在的境遇使人慢慢变化的结果。古书上说：「不了解自己的儿子，就看他交了些什么样的朋友，不了解自己的君主，就看看什么样的人在他的前后左右。」是境遇慢慢把人变了！境遇慢慢把人变了呀！

【原文】

君子篇第二十四

天子無妻，告人無匹也。四海之内無客禮，告無適也。足能行，待相者然後進；口能言，待官人然後詔。不視而見，不聽而聰，不言而信，不慮而知，不動而功，告至備也。天子也者，埶至重，形至佚，心至愈，志無所詘，形無所勞，尊無上矣。《詩》曰：「普天之下，莫非王土；率土之濱，莫非王臣。」此之謂也。

【译文】

天子无妻（齐）这句话，是要告诉人们说，没有人和天子的地位相等。四海之内无客礼这句话，是要告诉人们说，天子是天下的主人，没人敢和他匹敌，没人敢以主人的身份出现在天子的面前而让天子成为客人。所以，天子在四海之内也就用不着行客人之礼了。天子的脚能走路，但一定要靠了礼宾官才向前走；天子的嘴能说话，但一定要凭着传旨的官员下命令；天子不用亲自看，因为有人替他看；不用亲自听，反倒听得清；天子不说话，能让天下信；天子不用想，全知天下事；天子自己不动手，所有的功劳归他有，这些话是要告诉人们说，天子的属员极为完备，什么事都不用亲自做，因为有人替他做。做天子的，权势最大，身体却最安逸，心情最愉快；他的志向

不会受挫折，他的身体不会受劳累。所以，天子的地位是至高无上的。《诗经》上说：「天下所有的土地，都是天子的土地；土地上所有的人，都是天子的臣民。」说的就是这个意思。

【原文】

聖王在上，分義行乎下，則士大夫無流淫之行，百吏官人無怠慢之事，衆庶百姓無姦怪之俗，無盜賊之罪，莫敢犯大上之禁。天下曉然皆知夫盜竊之人不可以爲富也，皆知夫賊害之人不可以爲壽也，皆知夫犯上之禁不可以爲安也。由其道，則人得其所好焉；不由其道，則必遇其所惡焉。是故刑罰綦省而威行如流。世曉然皆知夫爲姦則雖隱竄逃亡之由不足以免也，故莫不服罪而請。《書》曰：「凡人自得罪。」此之謂也。

【译文】

如果是圣明的帝王在上面作领导，名分和道义就能推行到全天下。于是，士大夫没有放肆淫荡的行为，群臣百官不做懈怠傲慢的事情，群众百姓没有邪恶怪僻的习俗，没有偷窃劫杀的犯罪行为，没人敢触犯君主的禁令。天下人清楚明白，谁都知道靠偷盗为生的人是不可能发财致富的，谁都知道抢劫杀人的罪犯是不可能获得长寿的，谁都知道触犯君主的禁令是不可能过安生日子的。如果遵循圣王的规矩，人人都能得到他所喜欢的奖赏；不遵守圣王的规矩，就一定遭受人人厌恶的刑罚。所以，刑罚虽然用得极少，威力却像流水一样自然发挥作用。社会上人人都清楚明白，谁都知道为非作歹的人即使隐藏流窜逃跑消失，最后也还是不免受到惩罚，所以无不认罪服法，主动自首请求惩处。《尚书》上说：「所有的罪人都甘愿受到惩处。」说的就是这个意思。

【原文】

故刑當罪則威，不當罪悔；爵當賢則貴，不當賢則賤。古者刑不過罪，爵不踰德，故殺其父而臣其子，殺其兄而臣其弟。刑罰不怒罪，爵賞不踰德，分然各以其誠通。是以爲善者勸，爲不善者沮，刑罰綦省而威行如流，政令致明而化易如神。傳曰：「一人有慶，兆民賴之。」此之謂也。

【译文】

所以，刑罚与罪行相适应就有威慑力，刑罚和罪行不相适应就会受轻慢；官爵和德才相当，官爵就会受尊重，不相当就会受轻视。古代人的刑罚不会量刑过罪，官爵的授予不会高于其人的品德。所以，杀了父亲，儿子可以接班；杀了哥哥，弟弟可以接班。刑罚不超过罪行，奖赏不超过德行；条分理绪按部就班，政令各按实际情况得到贯彻和执行。因此，做好事的受鼓励，干坏事的认倒霉；刑罚用得极少，威慑力却像流水一样自然发挥；政策法令极明确，礼义教化却神灵一般蔓延四方。古书上说：「天子一人有德行，亿万人民受恩惠。」说的就是这个意思。

【原文】

亂世則不然：刑罰怒罪，爵賞踰德，以族論罪，以世舉賢。故一人有

罪而三族皆夷，德雖如舜，不免刑均，是以族論罪也。先祖當賢，後子孫必顯，行雖如桀、紂，列從必尊，此以世舉賢也。以族論罪，以世舉賢，雖欲無亂，得乎哉？《詩》曰：「百川沸騰，山冢崒崩，高岸爲谷，深谷爲陵。哀今之人，胡憯莫懲？」此之謂也。

【译文】

混乱的时代就不是这样。刑罚超过了罪行，奖赏超过了德行，按亲属关系判罪，据血缘世系用人。所以，一人犯罪，父、母、妻三族都遭诛杀，即使你品德像舜一样，也不免受牵连遭受同样的刑罚，因为是按亲属关系判罪。如果祖先曾经贤能，后代子孙一定显贵，即使行为像夏桀、殷纣王一样，地位也一定尊贵，因为是根据血缘世系用人。按亲属关系判罪，根据世系用人，虽然不想遭受祸乱，能做得到吗？《诗经》上说：「千百条河流在沸腾，耸立的高山被震崩，高大的山坡成深谷，幽深的峡谷变峻岭。可哀当今的执政者，为什么竟然不警醒？」说的就是这个意思啊。

【原文】

論法聖王，則知所貴矣；以義制事，則知所利矣。論知所貴，則知所養矣；事知所利，則動知所出矣。二者，是非之本，得失之原也。故成王之於周公也，無所往而不聽，知所貴也。桓公之於管仲也，國事無所往而不用，知所利也。吴有伍子胥而不能用，國至於亡，倍道失賢也。故尊聖者王，貴賢者霸，敬賢者存，慢賢者亡，古今一也。故尚賢、使能，等貴賤，分親疏，序長幼，此先王之道也。故尚賢使能，則主尊下安；貴賤有等，則令行而不流；親疏有分，則施行而不悖；長幼有序，則事業捷成而有所休。故仁者，仁此者也；義者，分此者也；節者，死生此者也；忠者，惇慎此者也。兼此而能之，備矣。備而不矜，一自善也，謂之聖。不矜矣，夫故天下不與爭能而致善用其功。有而不有也，夫故爲天下貴矣。《詩》曰：「淑人君子，其儀不忒；其儀不忒，正是四國。」此之謂也。

【译文】

讨论效法圣王的道理，就知道要尊重什么样的人了；根据道义处理事情，就知道用什么办法做事有利了。讨论清所要尊重的人，就知道该提高什么修养了；做事时懂得用有利的办法，就知道从哪里开始行动了。以上两个方面，是正确与错误的根本，成功与失败的根源。周成王对周公，没有哪点儿不听从，因为成王懂得尊重人。齐桓公对管仲，国家大事言听计从，因为桓公懂得这对他有利。吴国有伍子胥这样的贤才却不能听他的话，结果导致了国家的灭亡，这是因为吴国背离了大道，失去了贤能。所以，尊重圣人的君主就能称王天下，尊重贤能的君主就能称霸诸侯，礼敬贤人的君主可以勉强维持，怠慢贤人的君主就会国破家亡，从古到今，道理都是一样的。崇尚贤士，使用能人，尊贵卑贱分等级，远近亲疏有区别，年龄长幼有次序，这就是古圣

王的治理原则。如果能崇尚贤士，使用能人，君主就尊贵，臣民就安宁；尊贵卑贱分等级，政令畅通且不放任自流；远近亲疏有区别，恩泽遍施且不违情背理；年龄长幼有次序，事业可以大发展且能事半功倍有休息。讲究仁德的人，就是喜爱这种治理原则的人；讲究道义的人，就是把这种治理原则当成职责的人；讲究节操的人，就是为这种治理原则而献身的人；讲究忠诚的人，就是忠厚真诚地奉行这种治理原则的人。如果能同时做到仁德、道义、节操、忠诚，德行就算完备了。德行完备的人不对人自夸，一切都是为了改善自己，就叫做圣人。不对人自夸了，天下人就不和他争夺了，因此而能很好地利用别人的能力来做事。有了德才而不自以为有，所以就会得到天下人的尊重了。《诗经》上说：「好人君子，仪表堂堂；仪表堂堂，定国安邦。」说的就是这个意思啊。